INTRODUÇÃO À PRODUÇÃO MUSICAL

Editora Appris Ltda.
1.ª Edição - Copyright© 2025 dos autores
Direitos de Edição Reservados à Editora Appris Ltda.

Nenhuma parte desta obra poderá ser utilizada indevidamente, sem estar de acordo com a Lei nº 9.610/98. Se incorreções forem encontradas, serão de exclusiva responsabilidade de seus organizadores. Foi realizado o Depósito Legal na Fundação Biblioteca Nacional, de acordo com as Leis nos 10.994, de 14/12/2004, e 12.192, de 14/01/2010.

Catalogação na Fonte
Elaborado por: Josefina A. S. Guedes
Bibliotecária CRB 9/870

O482i
2025
	Oliveira, Alciomar
	   Introdução à produção musical / Alciomar Oliveira. – 1. ed. – Curitiba: Appris, 2025.
	   163 p. ; 23 cm. – (Geral).
	
	   Inclui referências.
	   ISBN 978-65-250-7402-3
	
	   1. Música. 2. Tecnologia. 3. Prática musical. 4. Música instrumental. I. Título. II. Série.
	
	                                                CDD – 780

Livro de acordo com a normalização técnica da ABNT

Appris
editora

Editora e Livraria Appris Ltda.
Av. Manoel Ribas, 2265 – Mercês
Curitiba/PR – CEP: 80810-002
Tel. (41) 3156 - 4731
www.editoraappris.com.br

Printed in Brazil
Impresso no Brasil

Alciomar Oliveira

INTRODUÇÃO À PRODUÇÃO MUSICAL

Appris
editora

CURITIBA
2024

FICHA TÉCNICA

EDITORIAL	Augusto V. de A. Coelho
	Sara C. de Andrade Coelho
COMITÊ EDITORIAL	Marli Caetano
	Andréa Barbosa Gouveia - UFPR
	Edmeire C. Pereira - UFPR
	Iraneide da Silva - UFC
	Jacques de Lima Ferreira - UP
SUPERVISOR DA PRODUÇÃO	Renata Cristina Lopes Miccelli
REVISÃO	J. Vanderlei
DIAGRAMAÇÃO	Danielle Paulino
CAPA	Danielle Paulino
REVISÃO DE PROVA	Gabriel Fernandez

AGRADECIMENTOS

À UnB - Universidade de Brasília, Dr.ª Alla Dadaian (UFBA), Dr.ª Ana Rossi (UNB), Dr. Aaron Liu-Rosenbaum (Ulaval-Canadá), Dr. Rafael Zaldivar (Ulaval-Canadá), Dr. Serge Lacase (Ulaval-Canadá), Serges Samson (Ulaval-Canadá), Ms. Sylvain Bb St.Onge (Ulaval-Canadá), Jeff Gardner, Ollie Riepen (Reaper-Cockos Support), Dr. Vadim Arsky (UNB), Glauco Maciel (UNB), Vladmir Barros (UNB).

SUMÁRIO

PREFÁCIO 11

PARTE 1
    O SOM COMO FENOMENO 19
    O SOM 19
    PROPAGAÇÃO DO SOM 20
    ONDAS 21
    A REPRESENTAÇÃO DA ONDA SONORA 21
    O MOVIMENTO HARMONICO 22
    A AMPLITUDE 22
    ONDAS PERIÓDICAS 23
    OUTRAS ONDAS PERIODICAS 23
    FASE DE UMA ONDA 24
    INTERFERENCIA CONSTRUTIVA E DESTRUTIVA 24
    A DEFASAGEM 25
    ONDA SINUSOIDAL DE DIFERENTES FREQUÊNCIAS 25
    FREQUÊNCIA FUNDAMENTAL 26
    A PROPAGAÇÃO DAS ONDAS 26
    OBSERVAÇÃO: Não confundir onda sonora com onda eletromagnética 26
    ESPECTRO 27
    REPRESENTAÇÃO DE UMA ONDA SIMPLES PERIÓDICA 29
    AS FREQUÊNCIAS DE UM PIANO 35
    A FORMA DE ONDAS E O TIPO DE SOM 36
    REFLEXÃO DO SOM 38
    CAMPO LIVRE 38
    CAMPO ACÚSTICO DENTRO DE UM LOCAL 39
    REFLEXO DENTRO DE UMA SALA 39
    INTERFERÊNCIAS DE ONDAS 39
    ONDA ESTACIONÁRIA 42
    RESSONÂNCIAS LIMPAS DE UMA SALA 43
    MODOS DE RESSONÂNCIA DE UMA SALA 44
    TIPOS DE MODO DE RESSONÂNCIA DE UMA SALA 45
    CALCULADORA DE RESSONACIA DE UMA SALA 45
    REFLEXOS DE UMA ONDA SONORA (SIMPLIFICADA) 46

REFLEXÃO E ABSORÇÃO DE UMA ONDA SONORA 46
ECO 51
LOCALIZAÇÃO ESPACIAL..52
EFEITO HAAS 53
EFEITO DOPPLER..54
CAMPO PRÓXIMO - CAMPO DIFUSO 55
PROCESSO DE TRATAMENTO DO SOM 56
O FENÔMENO DA AUDIÇÃO 57
TRANSDUÇÃO 59
INTENSIDADE...60
A INTENSIDADE SONORA 60
ESCALA DE PRESSÃO ACÚSTICA AUDÍVEL......................62
ESCALA DE POTÊNCIA ACÚSTICA AUDÍVEL....................63
INTENSIDADE ACÚSTICA (I) = POTENCIA ACÚSTICA /4πr/ 63
CURVAS DE ISOSONIA (DOS SONS PUROS)......................64
A ESCALA DE DECIBÉIS PONDERADA 67
PARA COMPARAR DUAS POTENCIAS EM DB....................68
PARA COMPARAR DUAS PRESSÕES EM DB......................68
EXPRIMIR A POTENCIA ACÚSTICA EM **dB$_{SWL}$**
(SOUND POWER LEVEL)..69
PARA UMA FONTE SONORA QUE EMITE UM TOTAL DE 1 WATT 69
ESCALA DE POTENCIAS ACÚSTICAS AUDÍVEIS EXPRESSAS EM **dB$_{SWL}$**......69
EXPRIMIR A PRESSÃO ACÚSTICA EM **dB$_{SPL}$**
(SOUND PRESSURE LEVEL) 70
NÍVEL DE REFERENCIA (À 1KHZ) 70
CURIOSIDADE 70
PRESSÃO ACÚSTICA EM **dB$_{SPL}$**...71
CALCULAR UMA DIFERENÇA EM **dB$_{SPL}$**
(SOUND POWER LEVEL)..71
CALCULAR UMA DIFERENÇA EM **dB$_{SPL}$**
(SOUND PRESSURE LEVEL) 72
NÍVEL TÍPICO DOS APARELHOS DE ÁUDIO (LIMITES).....................72
AMPLITUDE RMS 73
RUÍDO DE FUNDO 74
TERMOS IMPORTANTES: 74
UNIDADE DE GANHO 76
RESUMO 77
GLOSSÁRIO...79

PARTE 2

- DIGITALIZAÇÃO DE UM SINAL...81
- ALGORITMOS PARA OBTENÇÃO DO COMPLEMENTO DE 2................82
- EXEMPLOS..83
- SISTEMA DE NUMERAÇÃO DECIMAL...84
- SISTEMA DE NUMERAÇÃO BINÁRIO..84
- TERMINOLOGIA..86
- NUMERIZAÇÃO/DIGITALIZAÇÃO..86
- TRATAMENTO DE UM SINAL DIGITAL...87
- RELATÓRIO DA PROFUNDIDADE DE BITS/MARGEM DINÂMICA...........89
- ETAPAS DE DIGITALIZAÇÃO DUM SINAL ANALÓGICO.......................92
- RECONVERSÃO DE UM SINAL DIGITAL EM SINAL ANALÓGICO...........93
- A NUMEROTAÇÃO BINÁRIA..94

PARTE 3

- VISÃO GERAL DO BÁSICO..98
- SOM..98
- FONTE..98
- TETO..103
- TIMBRE..104
- TRANSIENTE..105
- FASE (PHASE)..105
- MUDANÇA DE FASE - DEFASAGE..105
- TRANSDUÇÃO..106
- TRANSPARÊNCIA..106
- MICROFONES..107
- PRINCIPAIS TIPOS DE MICROFONES..108
- POSICIONAMENTO BÁSICO DE MICROFONES.................................109
- DIRETIVIDADE E PADRÃO POLAR..113
- SOFTWARE DE GRAVAÇÃO..114
- GRAVAÇÃO ESTÉREO..116
- TÉCNICAS DE GRAVAÇÃO ESTÉREO..116
- COINCIDÊNCIA DE MICROFONES..116
- MIXAGEM..118
- ABORDAGENS PARA GRAVAÇÃO E MIXAGEM: NATURAL VS. ARTIFICIAL..118
- PROCESSAMENTO DE SOM E FEEDBACK.................................121
- EQUALIZAÇÃO..124

EQUALIZADOR PARAMÉTRICO 124
NOÇÕES BÁSICAS DE COMPRESSÃO 128
ETAPA DE PLANEJAMENTO. 130
INSTALAÇÃO 132
CADASTRO 132
OVERDUBS 133
MIXAGEM 133
INSTALAÇÃO 135
INSTALAÇÃO E ABERTURA 136
CONFIGURAÇÕES BÁSICAS. 136
MENU DE BASE:. 139
ÁREA DA TRILHA DE ÁUDIO: 139
ZONA DE TRABALHO:. 140
REORGANIZAÇÃO DE TRILHAS 142
INSCRIÇÃO 143
EDIÇÃO E CORREÇÃO. 146
BALANCEAMENTO E MIXAGEM 150
PISTA CONGELADA FREEZE TRACK 153
EXPORTAÇÃO DO PROJETO 154
ALGUNS ATALHOS ÚTEIS. 156

PARTE 4 157

BIBLIOGRAFIA. 161

PREFÁCIO

(Dr. Anselmo Guerra – outubro 2024)

A produção musical contemporânea oferece um vasto campo de possibilidades, com tecnologias e metodologias que transformaram a forma como a música é criada, gravada e distribuída. Este livro didático, estruturado em quatro capítulos interdisciplinares, busca não apenas capacitar o leitor a dominar o processo técnico, mas também promover a emancipação artística, proporcionando autonomia criativa e sustentação profissional. Através de uma abordagem detalhada e prática, o conteúdo apresentado conecta o conhecimento teórico à prática do dia a dia, orientando músicos, produtores e entusiastas na construção de uma trajetória independente e inovadora no mercado musical.

Nos últimos anos, o acesso à tecnologia e às ferramentas de produção se ampliou consideravelmente. Isso permitiu que mais artistas pudessem assumir o controle de suas próprias criações, sem a necessidade de grandes estúdios ou intermediários. Este novo contexto traz consigo um potencial enorme para a emancipação do artista, mas também exige uma sólida base de conhecimento técnico para que essa independência possa ser alcançada de forma eficaz. O objetivo principal deste material é fornecer essa base, oferecendo não apenas um guia técnico, mas também reflexões sobre as implicações da autonomia na criação musical.

A ideia de emancipação artística permeia todo o conteúdo deste livro. A produção musical, em essência, envolve uma série de decisões criativas e técnicas que moldam o resultado final de uma obra. O artista contemporâneo, ao dominar as ferramentas de produção, adquire controle total sobre essas decisões, o que lhe confere liberdade para experimentar, inovar e explorar novas formas de expressão. Neste sentido, a produção musical não é apenas uma habilidade técnica, mas uma extensão do processo criativo, possibilitando que o artista tenha total autonomia sobre sua obra.

Essa autonomia, no entanto, não é meramente técnica. É necessário compreender os aspectos mais profundos da produção, incluindo as escolhas estéticas, a gestão do espaço sonoro e as estratégias para alcançar o resultado desejado.

O conhecimento oferecido neste material vai desde as bases da acústica até as técnicas mais avançadas de mixagem e masterização, capacitando o artista a fazer escolhas conscientes e fundamentadas ao longo de seu processo criativo. A democratização das ferramentas de produção traz consigo o desafio de se destacar em um cenário competitivo e dinâmico. Ao adquirir competência técnica e criativa, o artista não apenas se emancipa do ponto de vista técnico, mas também ganha uma vantagem competitiva no mercado. Ao conhecer profundamente as ferramentas de produção, o músico tem a oportunidade de criar trabalhos originais e inovadores, diferenciando-se em um ambiente saturado de novas produções. Este livro busca, portanto, fornecer ao leitor as ferramentas necessárias para que essa emancipação seja real, oferecendo uma formação abrangente e interdisciplinar.

Organizado em quatro capítulos, este material didático adota uma abordagem interdisciplinar que conecta diversas áreas do conhecimento dentro do universo da produção musical. Cada capítulo foi cuidadosamente elaborado para apresentar um aspecto crucial da produção, desde os conceitos fundamentais da acústica e digitalização de sinais até as técnicas de gravação, mixagem e, finalmente, estratégias para uma carreira sustentável na indústria musical.

O primeiro capítulo, dedicado à acústica e à teoria do áudio digital, oferece uma introdução essencial ao comportamento do som e às suas propriedades físicas. Entender como o som se propaga em diferentes ambientes, como é percebido pelos ouvintes e como pode ser manipulado é fundamental para a produção musical de alta qualidade. Conceitos como ondas sonoras, frequências, fase e interferência são explorados em detalhes, além de uma introdução à psicoacústica, que aborda a maneira como os seres humanos percebem o som. A inter-relação entre acústica e percepção auditiva é uma das chaves para o sucesso na produção musical, pois permite ao produtor ajustar o som de acordo com a resposta emocional e psicológica do ouvinte.

Ainda nesse primeiro capítulo, o leitor terá contato com as noções de compressão e rarefação das ondas sonoras, defasagem, propagação e reflexão sonora em diferentes espaços. Esses conceitos são essenciais para entender como otimizar o som em um estúdio de gravação, seja ele profissional ou doméstico. Além disso, é apresentada uma introdução ao áudio digital, explicando como o som é captado e convertido em dados binários que podem ser manipulados e tratados digitalmente.

O segundo capítulo explora a digitalização do som e os avanços tecnológicos que possibilitam a gravação e manipulação de áudio em ambientes digitais. A compreensão dos processos de conversão analógico-digital, profundidade de bits, taxa de amostragem e algoritmos de compressão é essencial para qualquer produtor que deseja trabalhar com áudio digital de forma profissional. Este capítulo explica detalhadamente como os sinais analógicos são captados, convertidos e armazenados em formatos digitais, permitindo que os leitores compreendam os fundamentos de um dos aspectos mais importantes da produção musical moderna.

A digitalização não apenas facilitou o acesso à produção, mas também trouxe novos desafios. A qualidade do áudio digital depende de várias decisões técnicas, como a escolha da taxa de amostragem adequada para o projeto ou o uso correto de compressão sem perda. Essas escolhas impactam diretamente a qualidade final da produção, e este capítulo oferece uma análise crítica desses processos, permitindo ao leitor tomar decisões informadas ao longo do processo de gravação e produção.

O terceiro capítulo mergulha nas técnicas de gravação e mixagem, fornecendo uma visão detalhada das ferramentas e métodos utilizados para capturar e manipular o som em estúdios de gravação. Desde a escolha e posicionamento de microfones até as técnicas de mixagem mais avançadas, o capítulo oferece um guia completo para quem deseja dominar a produção em estúdio. Este conteúdo é especialmente relevante para aqueles que buscam criar uma sonoridade específica ou trabalhar em projetos que exijam uma alta qualidade técnica.

A mixagem, como uma das etapas mais criativas da produção, é abordada com ênfase nas escolhas estéticas e nas ferramentas disponíveis para o produtor. Equalização, compressão, uso de efeitos e espacialização são alguns dos temas tratados, sempre conectando a técnica à estética musical. A importância de uma boa mixagem está na sua capacidade de transformar uma gravação comum em uma experiência auditiva envolvente e de alta qualidade. Para isso, o produtor precisa dominar as ferramentas e saber aplicá-las de maneira criativa, sempre em função do resultado sonoro desejado.

Por fim, o quarto capítulo trata da sustentabilidade da carreira do músico-produtor, um tema essencial em um mercado musical em constante transformação. O conceito de sustentabilidade aqui abordado vai além da viabilidade financeira; ele também trata da capacidade de se adaptar a um cenário em constante evolução, mantendo uma carreira artística ativa e inovadora. O desenvolvimento de competências técnicas em produção musical é uma peça-chave para a construção dessa sustentabilidade, permitindo ao artista ter controle sobre sua própria produção e distribuição de obras.

A sustentabilidade financeira, especialmente para artistas independentes, exige uma abordagem multifacetada. A obra explora temas como direitos autorais, estratégias de marketing digital, plataformas de distribuição online e a gestão de uma carreira autônoma. Ao entender esses aspectos, o produtor pode criar um modelo de negócio próprio, sem depender exclusivamente de gravadoras ou intermediários, e assim construir uma carreira estável e duradoura.

A relevância deste material didático para a formação acadêmica e profissional é inquestionável. O conteúdo apresentado não apenas oferece uma base técnica sólida para estudantes e profissionais, mas também introduz conceitos críticos sobre a prática da produção musical. Essa integração entre teoria e prática é essencial para formar profissionais que possam não apenas operar ferramentas de áudio, mas também aplicar seus conhecimentos de maneira criativa e estratégica.

O cenário acadêmico atual demanda uma formação cada vez mais integrada, em que o domínio de diversas disciplinas e habilidades é crucial para o sucesso profissional. Este livro, com sua estrutura interdisciplinar, é ideal para cursos de graduação e pós-graduação em música, produção musical, engenharia de som e áreas relacionadas. Professores podem utilizá-lo como material de apoio, enquanto estudantes encontrarão nele uma ferramenta valiosa para desenvolver suas habilidades e ampliar seus conhecimentos sobre o campo.

A formação profissional também se beneficia da abordagem prática e técnica oferecida. Este material capacita o leitor a atuar em diversos contextos profissionais, seja em grandes estúdios ou em ambientes independentes, como home studios. Ao oferecer uma visão ampla e ao mesmo tempo detalhada da produção musical, o livro possibilita que músicos e produtores construam suas carreiras com confiança e competência, adaptando-se às demandas de um mercado em constante evolução.

O futuro da produção musical está intimamente ligado à capacidade dos artistas e produtores de se adaptarem às mudanças tecnológicas e de mercado. A sustentabilidade, neste contexto, envolve a habilidade de manter uma carreira produtiva e financeiramente viável ao longo do tempo, sem sacrificar a integridade artística. Este livro busca preparar os leitores para enfrentar esses desafios, fornecendo-lhes as ferramentas técnicas e estratégicas necessárias para construir uma carreira de sucesso.

No contexto atual, a autossuficiência na produção musical é uma vantagem competitiva significativa. Ser capaz de gravar, mixar e distribuir suas próprias músicas não só reduz custos, mas também oferece maior controle sobre o processo criativo. Além disso, a compreensão dos aspectos técnicos da produção permite que o artista tome decisões mais precisas e criativas ao longo de seu trabalho, garantindo um resultado final que esteja de acordo com suas expectativas e visão artística.

A sustentabilidade também passa pela inovação na forma de abordar a produção musical. O mercado atual está repleto de novas tecnologias, ferramentas e tendências que exigem dos artistas e produtores uma constante atualização. Este material oferece uma base sólida para que o leitor possa não apenas se adaptar a essas inovações, mas também utilizá-las de maneira criativa e estratégica, fortalecendo sua posição no mercado. A capacidade de se reinventar e de acompanhar as transformações tecnológicas é essencial para a construção de uma carreira sustentável e duradoura.

No âmbito da produção musical, a inovação não se limita à utilização de novas ferramentas, mas também à exploração de novas formas de distribuição e comercialização da música. O crescimento das plataformas de streaming e a democratização dos meios de divulgação oferecem aos artistas uma oportunidade inédita de alcançar um público global sem a necessidade de grandes gravadoras. No entanto, para aproveitar essas oportunidades, é fundamental que o produtor compreenda o funcionamento dessas plataformas e as estratégias de marketing digital que podem potencializar o alcance de suas produções.

Além disso, o conhecimento adquirido por meio deste livro capacita o leitor a tomar decisões conscientes sobre a gestão de sua própria carreira. O domínio das técnicas de produção e a compreensão das dinâmicas do mercado musical permitem que o artista desenvolva um plano de carreira estratégico, onde ele controla não apenas a criação de suas obras, mas também sua divulgação e comercialização. Essa abordagem integrada é essencial para a sustentabilidade, pois proporciona ao artista maior controle sobre seus recursos e oportunidades, garantindo uma maior longevidade na carreira.

Outro ponto fundamental abordado ao longo da obra é o equilíbrio entre a criatividade e a viabilidade econômica. O artista que domina as ferramentas de produção e compreende o mercado musical está em uma posição privilegiada para criar projetos que sejam, ao mesmo tempo, inovadores e financeiramente sustentáveis. A viabilidade econômica não precisa ser vista como um obstáculo à criatividade; ao contrário, a compreensão das possibilidades de mercado pode abrir novas portas para a exploração artística e a experimentação de formatos inovadores, como colaborações digitais, produções audiovisuais independentes e novos modelos de negócios.

Este livro busca, portanto, não apenas formar técnicos competentes, mas também profissionais que saibam navegar por todas as etapas do processo de produção musical com autonomia e visão estratégica. O futuro da produção musical pertence àqueles que conseguem unir a técnica com a criatividade, a inovação com a sustentabilidade. Ao fornecer uma base sólida tanto no campo técnico quanto no campo estratégico, o material apresentado aqui prepara o leitor para enfrentar esses desafios e prosperar em um mercado em constante evolução.

Concluindo, a introdução ao mundo da produção musical proposta neste livro transcende a mera técnica e abre caminho para uma visão mais ampla e integrada do papel do produtor musical nos dias de hoje. Ao longo de seus quatro capítulos, o material didático oferece uma formação interdisciplinar que conecta as áreas de acústica, digitalização do som, técnicas de gravação e mixagem, e sustentabilidade da carreira artística. Essa abordagem proporciona ao leitor um entendimento abrangente das etapas envolvidas na produção musical, capacitando-o a atuar de maneira autônoma e criativa.

A produção musical contemporânea exige mais do que a simples operação de ferramentas; ela requer uma compreensão profunda dos conceitos que norteiam cada decisão técnica e estética. Este livro oferece ao leitor não apenas as informações necessárias para dominar essas ferramentas, mas também a capacidade de aplicar esse conhecimento de maneira inovadora e estratégica. O desenvolvimento de uma carreira sustentável no mercado musical está diretamente relacionado à habilidade de se adaptar às mudanças, de inovar e de gerir a própria produção de maneira eficiente.

A emancipação do artista, proposta como um dos principais eixos deste material, é alcançada por meio do domínio técnico e da compreensão crítica das ferramentas e práticas envolvidas na produção musical. Ao longo dos quatro capítulos, o leitor será guiado em uma jornada de aprendizado que não apenas capacita tecnicamente, mas também promove uma reflexão profunda sobre o papel do produtor na criação musical contemporânea. Com essa base sólida, é possível construir uma carreira autônoma, sustentável e, acima de tudo, criativamente livre.

Dessa forma, o livro se torna uma referência essencial para estudantes, professores e profissionais da área de música, produção e engenharia de som. A sua contribuição vai além de uma formação técnica, proporcionando uma compreensão integral do processo de produção musical e das estratégias para construir uma carreira sólida e duradoura. Em um cenário cada vez mais competitivo e dinâmico, este material oferece as ferramentas necessárias para que o produtor musical se destaque e trilhe um caminho de sucesso, fundamentado na técnica, na criatividade e na sustentabilidade.

PARTE 1

O SOM COMO FENÔMENO

O SOM como remédio para doenças – Ultrassons em altas frequências são utilizados para tratamento não invasivo de doenças cerebrais.

Os batimentos sonoros provocam reações nas ondas cerebrais capazes de muda-las.

OS SONS PODEM LEVANTAR OBJETOS.

As ondas sonoras podem interferir na forma de outros materiais. O som pode alterar a imagem que o enxergamos.

Quando um som avião rompe a barreira do som, na atmosfera muito úmida, podemos visualizar o fenômeno gerado pela onda de Chok, formando uma imagem em torno do avião.

Acústica – 5 diferentes sentidos

- A sala tem uma boa acústica - QUALIDADE DA SALA.
- Intensidade acústica ou onda acústica – Ligação entre o fenômeno acústico e a audição da onda.
- A ciência da acústica – Ramo da ciência que estuda os fenômenos sonoros tais como vibração, propagação, ruídos etc.
- Acústico psicológico – Estudo das dimensões anatômicas e fisiológicas da audição e da produção sonora vocal.
- Psicoacústica – Estuda os aspectos psicológicos e cognitivos do som ligados à percepção humana.

O SOM

DEFINIÇÃO

Fenômeno físico – Perturbação da pressão atmosférica que se desloca no meio físico.

Fenômeno da percepção – Mecanismo complexo da audição.

TRANSDUÇÃO – processo no qual o som gerado/propagado é transformado. O resultado apresenta diferença devido a transformação durante a propagação, como por exemplo a perda de energia do som devido à distância.

TIMBRE - De acordo com Bennet et Risset (1980), o timbre está ligado às frequências do som ou dos harmônicos mais ou menos reforçados. Mas o timbre depende da altura e duração do som e é geralmente ligado à vibração do espectro sonoro. Ou seja, é uma noção complexa e difícil de caracterizar de maneira simples.

Tabela 1 – O Som

Fenômeno físico	Fenômeno da percepção
Espectro	Timbre (voz, violão, trombone etc.)
Frequência	Altura (Hz – exemplo: dó3, ré3, mi3 etc.)
Amplitude	Intensidade (dB)

Descrição de imagem: Tabela informativa.
Fonte: "Sons purs et sons complexes" (Hugonnet et Walder)

PROPAGAÇÃO DO SOM

O som é produzido pela vibração de um objeto, chamado de fonte sonora, que provoca a oscilação das partículas do ar. Em ambientes sem obstáculos, propagasse em todas as direções.

ONDAS

- Redonda, cuja representação gráfica senoidal, tem um som simples sem reforço de harmônicos;
- Triangular, cuja amplitude máxima com ascendência linear e mínima com descendência linear. Os harmônicos ímpares com -12dB por oitava. Soa mais brilhante do que a Onda Redonda que não possui harmônicos reforçados;
- Quadrada, os estados de amplitude máxima ou mínima tem durações iguais, sem ascendência e descendência linear. Possui harmônicos parciais de -6dB. Soam mais brilhantes do que a Triangular;
- Dente de Serra. Assemelha-se à Triangular, mas com ascendência ou descendência linear mais longa. Possui harmônicos pares e impares com - 6dB por oitava e por isso Soam mais do que as anteriores.

ONDA LONGITUDINAL – Ocorrem em todos os meio, mas, notadamente nas ondas sonoras.

ONDA TRANSVERSAL – Geralmente nos sólidos.

A REPRESENTAÇÃO DA ONDA SONORA

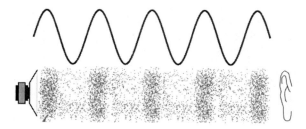

A alternância da Compressão e Rarefação atmosférica, permitem a viagem do som a partir da sua fonte de emissão até a sua recepção.

O MOVIMENTO HARMÔNICO

Um sinal sinusoidal (senoidal) manifesta um movimento harmônico periódico, onde o deslocamento é igual em torno do eixo.

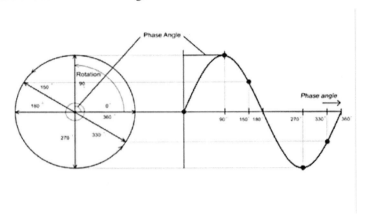

A AMPLITUDE

a. Valor 'média-aritmética' do sinal positivo;
b. Amplitude equivalente em volume (potência), chamada também de valor de referencia (RMS);
c. Amplitude máxima positiva, conhecido como valor máximo;
d. Amplitude máxima positiva e negativa.

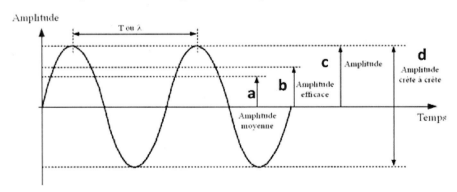

ONDAS PERIÓDICAS

Onda que se repetem idêntica à elas mesma durante todo o tempo.

Ciclo = uma compressão + uma rarefeição

Período (T) = Intervalo de tempos de uma ciclo (em segundos)

Frequência (f) = Número de ciclos/segundos (em Hz)

Cumprimento (λ) = distância percorrida pela onda num período (em cm)

Celeridade (C) ou Velocidade (V)= Velocidade de propagação do som
f = 1/ T (período em segundos)
λ (cumprimento) = C (celeridade) / f (frequência)
T (período) = (λ) Cumprimento / C (celeridade)
C = 340m/s

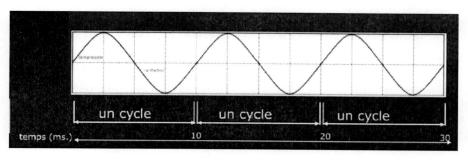

OUTRAS ONDAS PERIÓDICAS

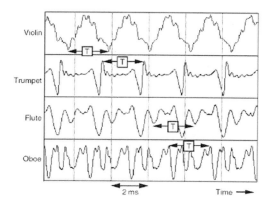

FASE DE UMA ONDA

A fase de uma onda indica a situação instantânea dentro do ciclo de uma onda: a posição dentro do tempo de duas ondas simultâneas.

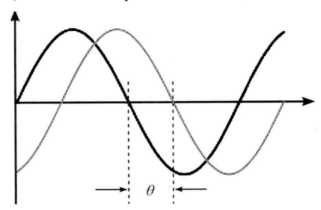

INTERFERÊNCIA CONSTRUTIVA E DESTRUTIVA

No exemplo seguinte, se somarmos os valores das ondas de cor azul e vermelha, teremos a onda de cor preta como resultante. No quadro de cima, o resultado é uma interferência construtiva e no quadro de baixo é uma interferência destrutiva.

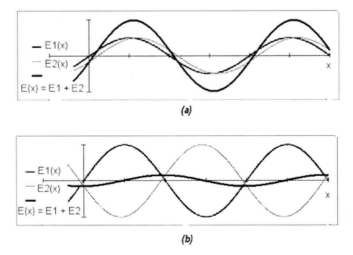

A DEFASAGEM

Numa defasagem completa de 180º, os dois sinais indicados se anulam.

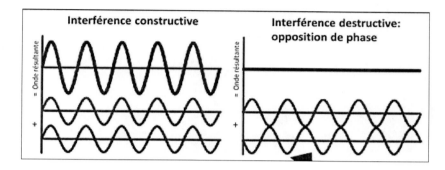

ONDA SINUSOIDAL DE DIFERENTES FREQUÊNCIAS

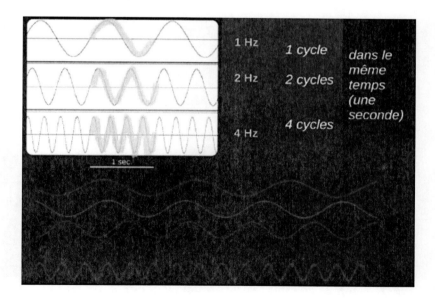

FREQUÊNCIA FUNDAMENTAL

Num contexto de múltiplas frequências, conhecido como harmônicos, a frequência mais grave é a fundamental.

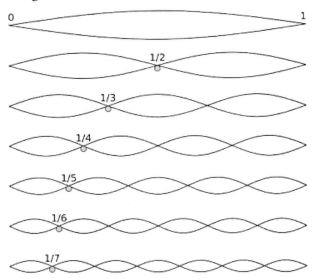

A PROPAGAÇÃO DAS ONDAS

Tabela 2 –

Gás	Líquidos	Sólidos
= 340 m/s no ar à temperatura ambiente	= 1480 m/s na **água à 20º C**	= **5100 m/s no aço**

Descrição da imagem: Propagação das ondas

Fonte: "Son et enregistrement" (Rumsey et McCormick)

OBSERVAÇÃO: NÃO CONFUNDIR ONDA SONORA COM ONDA ELETROMAGNÉTICA.

VELOCIDADE DO SOM – A velocidade de propagação da onda sonora, dependo do meio onde se propaga.

FREQUÊNCIA – Número de repetições dos ciclos por segundo. A unidade de medido de ciclo por segundo é o Hertz. A exceção da onda sinusoidal, toda onda sonora é composta de várias frequências.

ONDA ACÚSTICA – Variação de pressão atmosférica que se propaga num meio e que a recepção é percebida como som.

ONDA LONGITUDINAL – Onda em que o sentido de deslocamento é igual ao sentido de propagação da Onda. (Fischetti, 2003).

ONDA TRANSVERSAL – Onda onde o sentido de deslocamento das partículas de ar é perpendicular ao sentido de propagação da onda.

FASE DE UMA ONDA – Posição temporal de uma onda alusiva ao começo do seu ciclo. Conceitualmente, o conceito de fase é utilizado para comparar duas ondas similares.

SINAL – Representação elétrica de uma onda acústica. As curvas de um sinal são análogas às variações de pressão da onda acústica.

SINAL SINUSOIDAL – Sinal que indica um movimento harmônico.

SOM – Perturbação física de moléculas de ar, que é percebido pelo complexo mecanismo da audição, de maneira única em cada indivíduo.

TRANDUÇÃO – É a transformação de uma forma de energia em outra forma de energia. Quando uma fonte sonora faz propagar moléculas de ar, isso é uma transdução. Graças ao fenômeno da transdução que é possível a gravação sonora.

ESPECTRO

ESPECTRO DE UM SOM - Espectro é o conteúdo frequencial de um som. Corresponde ao conjunto de todas as ondas que compõem os sons audíveis e não audíveis pelo ser humano, ordenados a partir de um som fundamental, segundo uma relação frequência/amplitude. (Fischetti, 2003)

ONDA SONORA – Variação de pressão atmosférica que precisa de um meio físico para se propagar (Ar, Líquido e Sólido). Sua velocidade é de cerca de 340 m/s.

ONDA ELETROMAGNÉTICA – Campo elétrico e magnético (integrados) que podem se propagar no espaço ou no vazio (luz visível, raio x, onda de radio, infravermelho, ultravioleta). Sua velocidade é de cerca de 300.000.000 m/s.

- Entenda o que um oscilador faz.

APLICAÇÕES EM ACÚSTICA E SONS

Chamamos de som toda e qualquer vibração das moléculas de ar que estão imediatamente próximas de nossos tímpanos. Ao fazê-lo, tais vibrações são captadas pela membrana sensível do órgão e assimiladas pelos sensores nervoso do ouvido interno, resultando na sensação de escuta em nosso cérebro. No entanto, sinais sonoros podem ser de vários tipos, desde ruídos bruscos e desagradáveis até belos acordes de um instrumento musical.

ONDA SIMPLES (Periódica) – Forma de senoide. Composta de uma só frequência de vibração, caracteriza-se por ciclos de compressão e rarefação que se repetem regularmente. É rara e inexistente na natureza.

ONDA COMPLEXA PERIÓDICA – Todas as forma numa área de compressão e rarefação que se repetem no linha do tempo. É composta de duas ou mais ondas senoidais, ou melhor dizendo, de vibrações de duas ou mais frequências.

- A Frequência fundamental é a mais grave;

- Parcial é dos componentes do som;

- Harmônicos são as frequências equivalentes aos múltiplos da Fundamental.

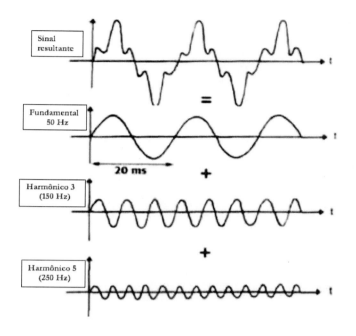

REPRESENTAÇÃO DE UMA ONDA SIMPLES PERIÓDICA

- •Uma onda periódica e uma onda aperiódica

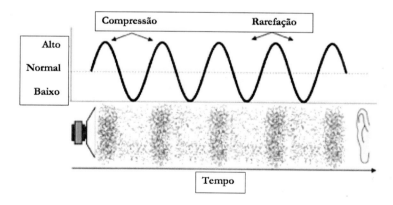

Uma forma de onda é a representação de uma onda que demonstra suas variações de amplitude numa linha de tempo. A representação gráfica do espectro mostra o conjunto de frequências de uma onda em função da amplitude.

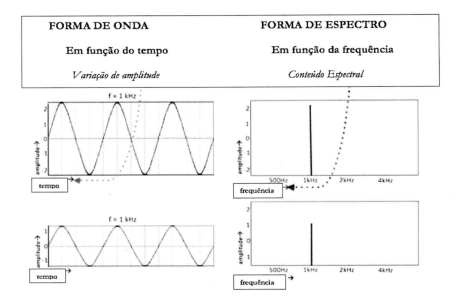

Jean Baptiste Joseph Fourier (1768-1830). Matemático e físico francês que as ondas complexas periódicas podem ser decompostas em ondas simples em qualquer forma senoidal.

Transformador de Fourier é uma ferramenta que permite calcular todos os componentes senoidais de uma onda complexa periódica. "Decompunha o sinal periódico em seu espectro de frequência elementar. Os coeficientes obtidos são chamados de 'Série de Fourier'. Graças ao transformador de Fourier tornou-se possível a visualização do conjunto de frequências de um som. Abaixo o espectro de 6 diferentes instrumentos musicais com suas diversas frequências.

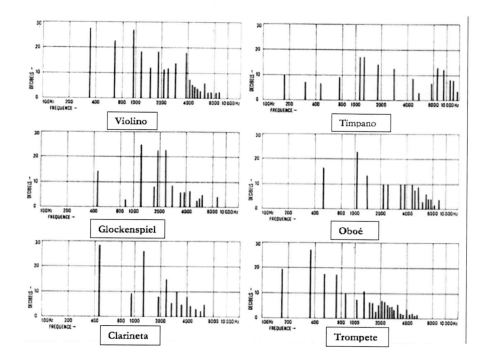

A Série de FOURIER - com o formato de uma onda senoidal muito complexa, de desenho bifurcado, repleta de amplitudes diferentes em cada ponto. Esta onda, por sua vez, nada mais é que é uma soma de inúmeras ondas senoidais simples, cada uma ponderada com sua própria amplitude (coeficientes de Fourier) e oscilando à sua própria frequência (harmônicos). Em uma expansão em Séries de Fourier, harmônicos em termos subsequentes são especialmente ordenados, de tal forma que todos acabam sendo múltiplos de um primeiro mais baixo e dominante na nossa percepção do som, o qual denotamos Frequência Fundamental.

Tal como um prisma decompõe a luz branca em diversos raios coloridos que a constituem, o transformador de Fourier decompõe a onda sonora periódica em suas diversas ondas senoidais.

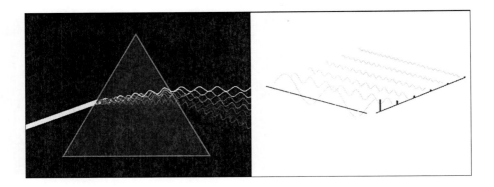

Nem todos os sons são compostos só de ondas simples (periódica) e complexas (harmônicos). Os sons complexos, geralmente são de frequências aleatórias (ruídos e transientes). (VOYARD, Pierre. 2009)

Onda periódica		Onda aperiódica	
Simples Composta de uma única onda		Continua Ruídos	
Complexa Composta múltiplas ondas		Transientes Diversos impulsos que se traduzem em sons	

As cores dos ruídos

Intensidade das faixas de frequências – Existem várias cores atribuídas aos ruídos de acordo com a amplitude das frequências sonoras. Cada cor tem o seu timbre característico.

INTRODUÇÃO À PRODUÇÃO MUSICAL

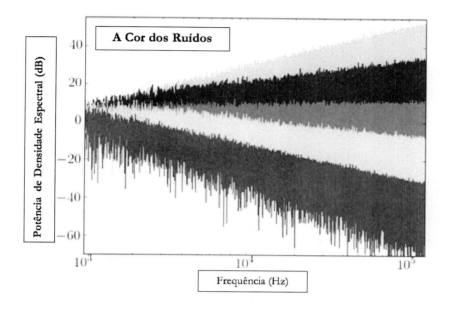

Ruído branco – A densidade espectral de potencia é a mesma para todas as frequências.

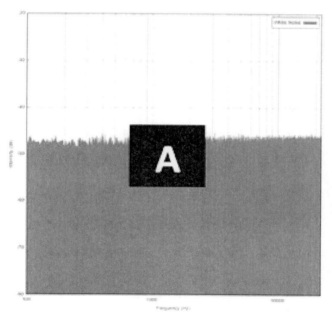

Ruído rosa – A intensidade de cada faixa de frequência de tamanho idêntico é igual. Isso se traduz pela queda de 3dB por oitava.

Ruído Cinza – Esse ruído caracteriza-se pelo decréscimo de 6dB por oitava quando a frequência aumenta.

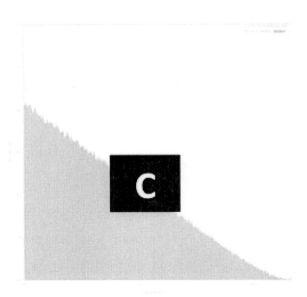

Ruído Azul – A potencia sonora do ruído aumenta 3dB quando a frequência aumenta (densidade proporcional à frequência) até o infinito.

AS FREQUÊNCIAS DE UM PIANO

- Apesar de todas as oitavas parecerem iguais, a largura das faixas de frequência de cada oitava não é constante.

- Quanto mais alta é a faixa, mais frequências ela contem. Isso se traduz em um ruído branco em um aumento de energia frequência de 3dB por oitava.

- O ruído rosa corrige esse fenômeno em abaixar em 3dB por oitava.

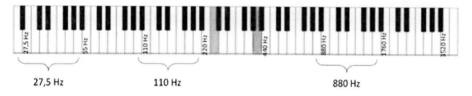

O OSCILADOR é um aparelho gerador de ondas periódicas. Podemos encontrar osciladores integrados em sintetizadores analógicos e digitais.

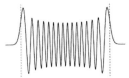

A FORMA DE ONDAS E O TIPO DE SOM

Senoidal (Sino)- Pura e de som agradável.

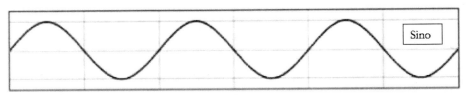

Quadrada - Rica e muito eletrônica

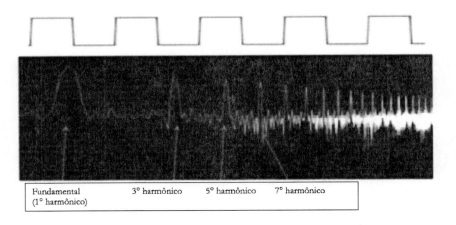

Triangular - Levemente agressivo, contem somente harmônicos impares e sua amplitude é decrescente: ($1/n^2$ onde n corresponde ao número de harmônicos).

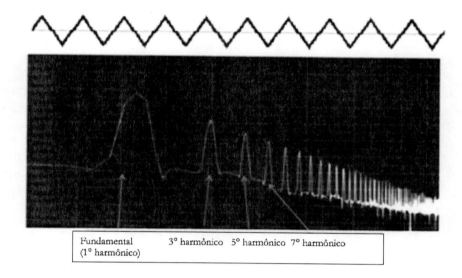

Dente de serra - Muito agressivo.

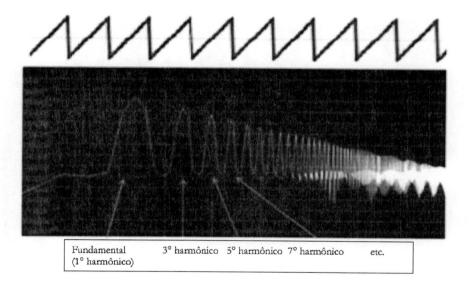

É possível gerar Ondas nos Osciladores, selecionando frequências, formas de onda e amplitude. Assim como é possível gerar ruídos de diferentes cores.

REFLEXÃO DO SOM

CAMPO LIVRE

Câmara anecoica – É uma sala de experimentação onde as paredes absorvem as ondas sonoras e eletromagnéticas, reproduzindo condições de Campo Livre sem produzir ecos ou reverberações que possam atrapalhar as medições.

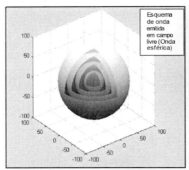
Esquema de onda emitida em campo livre (Onda esférica)

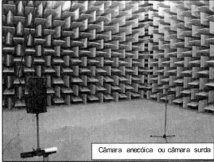
Câmara anecóica ou câmara surda

CAMPO ACÚSTICO DENTRO DE UM LOCAL

Um ambiente típico é repleto de reflexo e absorção. O nível sonoro do ambiente será afetado pelo nível de reverberação.

A distância crítica é a distância cujo o som direto e as reverberações são iguais. Quanto menos reverberante for a sala, mais importante será a distância crítica.

REFLEXO DENTRO DE UMA SALA

Propagação inicial ou ataque do som	As reverberações
Percurso da frente da onda após milésimos de segundo	Percurso da frente da onda após milésimos de segundo

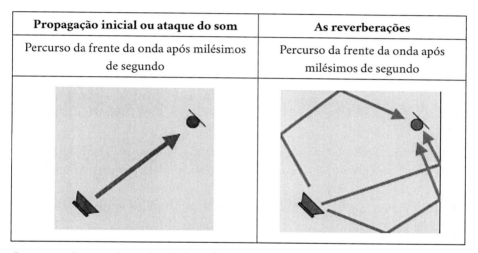

O tempo de reverberação (T.R. 60) de um local = tempo que o som leva para perder 60dB após sua emissão na fonte.

INTERFERÊNCIAS DE ONDAS

Interferência é termo que adotamos para descrever o encontro de duas ondas sonoras dentro de um mesmo espaço. De acordo com suas respectivas fases, essas interferências podem resultar de um aumento (Construtiva) ou diminuição (Destrutiva) da pressão acústica.

Quando duas ondas idênticas sofrem interferência, de mesma frequência e de mesma amplitude, resultará em Nós (Amplitude mínima) e em Ventres (Amplitude máxima) de pressão acústica.

Se duas ondas idênticas são defasadas em 180 graus, quando um Nó se alinha perfeitamente com o Ventre de outra, ocorrerá uma anulação completa das duas ondas. Porém, isso é muito raro que aconteça.

Se duas ondas idênticas, em sentido oposto se encontrarem, poderá ocorrer uma onda estacionária onde os Ventres e o Nós forem fixados no tempo.

Cada sala tem os seus próprios modos ou frequências ressonantes. Os modos serão mais ou menos intensos de acordo com as dimensões e características acústicas da sala, como também dos materiais das superfícies e dos moveis. Os modos de uma sala são etiquetados de acordo com o número de superfícies as quais os sons são refletidos. Nessa nossa analise, são computados não somente as 4 paredes, mas, também o teto e chão. Uma onda estacionária se produz quando em metade do cumprimento da onda ou em um dos seus múltiplo estarem iguais a uma das dimensões da sala. EM saber das dimensões de uma sala, assim como da velocidade do som, é possível calcular os modos de ressonância da sala. (ATIENZA, Ricardo et BALEZ, Suzel, 2009)

Quando duas ondas se encontram, observamos interferências 'positiva' ou 'destrutivas', de acordo com a adição ou subtração da amplitude das duas ondas em determinado ponto de impacto. As interferências se traduzem por uma sucessão de solavancos e buracos na curva de resposta do local, tecnicamente conhecida como 'Filtragem de pente'.

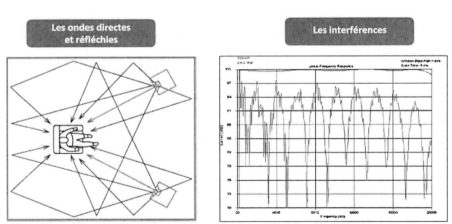

Duas fontes sonoras idênticas (mesma frequência e amplitude), emitindo ao mesmo tempo e do mesmo lugar, geram dois tipos de interferências:

- Construtivas (cujo a resultante é o aumento de amplitude);

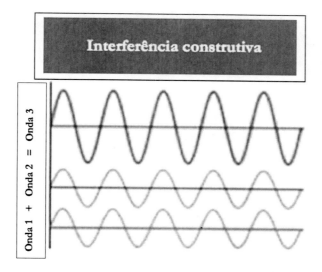

- Destrutivas (cujo resultante é a diminuição da amplitude).

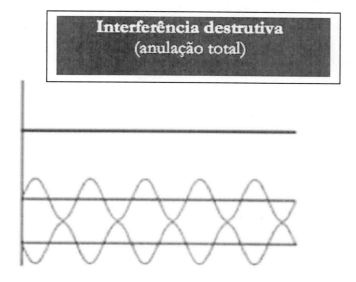

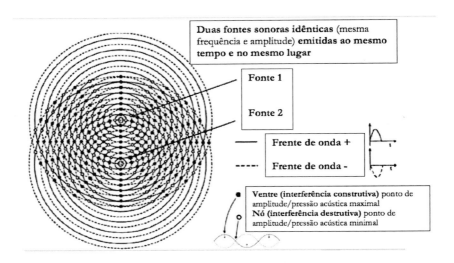

ONDA ESTACIONÁRIA

Uma onda estacionária é a resultante da soma de uma onda incidente e de uma onda refletida. Tal fenômeno merece bastante atenção devido ao fato desse tipo de onda "pode ocorrer no meio da distância de uma onda onde um dos seus múltiplos (harmônicos) sejam iguais à dimensão do local". (Rumsey e McCormick)

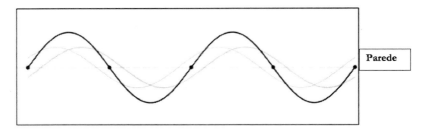

Onda estacionárias podem causar variações de alta e baixa pressão. Sendo que em uma sala, o aumento de pressão causará o aumento da frequência e vice-versa.

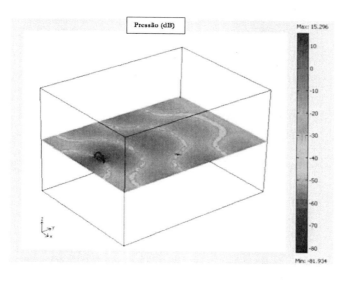

RESSONÂNCIAS LIMPAS DE UMA SALA

No esquema abaixo, os modos de ressonância de quatro baixas frequências dentro de uma sala de dimensões 2,5m x 2,8m x 5m. Em ambas as imagens a repartição de energia acústica é desigual e favorecem certos locais. De acordo com o cumprimento das ondas e a distância que separam as paredes da sala, encontraremos os Ventres (amplitude máxima) e os Nós (amplitude minima) de pressão no interior do local. (Rumsey e McCormick)

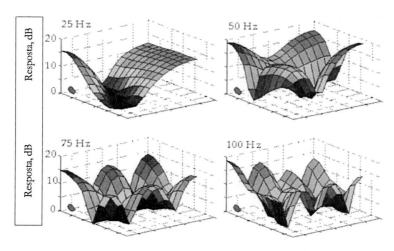

MODOS DE RESSONÂNCIA DE UMA SALA

Por mais que um modo de ressonância se forme dentro de uma sala, para que os Nós de uma onda incidental coincidam com os Nós de seu próprio reflexo de maneira continua, o cumprimento da onda da frequência em questão deve ser igual a duas vezes uma das dimensões da sala. Frequência (modo) = Velocidade do som/2 x uma das dimensões da sala. (R. Atienza, S. Balez - 2009). Exemplo:

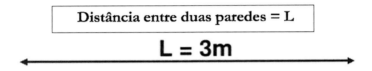

1° Modo - O comprimento da sala é de 3m. Para essa dimensão, uma das frequências que mais ressoam "normal" será f°=340ms/(2x3m)=56,6 Hz (O cumprimento da onda de 56,6 é de 6m);

2° Modo – Terá uma frequência de 2 x 56,6 = 113,2 Hz;

TIPOS DE MODO DE RESSONÂNCIA DE UMA SALA

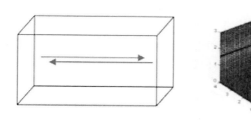

- Axial – Entre duas superfícies paralelas.
- Tangencial – Entre dois pares de paredes paralelas, sejam elas 4 muros ou 2 muros + chão e teto.

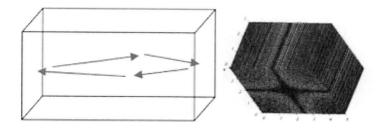

- Oblíquo – Entre 6 superfícies

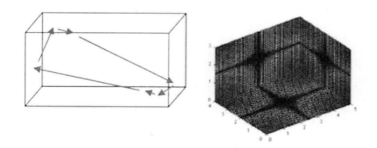

CALCULADORA DE RESSONÂNCIA DE UMA SALA
https://www.omnicalculator.com/pt/fisica/calculadora-frequencia-de-ressonancia

REFLEXOS DE UMA ONDA SONORA (SIMPLIFICADA)

A onda que se propaga dentro do primeiro ambiente é a Onda Incidente. A onda que se propaga no segundo ambiente é a onda refletida/transmitida.

Um ambiente tem a sua impedância de acordo com o material que é a constitui. Quando encontramos dois meios com diferentes impedâncias, a onda incidental é em parte refletida ao interior do primeiro ambiente e transmitida no segundo ambiente. Sendo que o anglo de incidência ($\emptyset i$) é igual ao anglo de reflexão ($\emptyset r$).

A pressão acústica da onda refletida depende da diferença de impedância dos dois meios. A soma da pressão da onda transmitida e da onda refletida é igual a pressão da onda incidental: pi = pr +pt

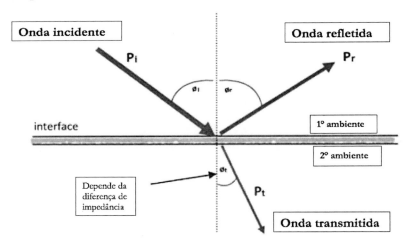

REFLEXÃO E ABSORÇÃO DE UMA ONDA SONORA

De acordo com o tipo de material, existe uma quantidade de energia que é absorvida. Certos matérias são excelentes absorventes, ao passo que outros materiais são excelentes refletores.

O coeficiente de absorção indica as características de absorção de um material. ($\alpha =$ Ia /Ii)

Ii = Intensidade da onda incidida

Ir = Intensidade da onda refletida

Is = Intensidade da onda absorvida na superfície
It = Intensidade da onda transmitida
Intensidade total absorvida na superfície (Ia) = Is + It.
Em termos de energia, Ii = Ir + Is + It

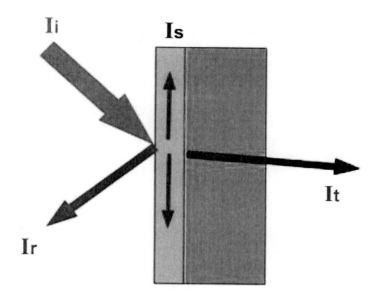

O Ressonador de Helmholtz – Absorve os médios (300Hz < f < 1000 Hz).

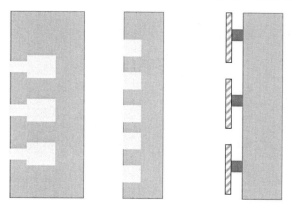

O Efeito do Atrito na parede – É uma técnica de "colagem" de diferentes materiais fibrosos, com o objetivo absorver frequências agudas (f > 1000 Hz).

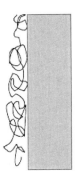

O Alfa Sabine (entre 0 e 1) - Um Alfa Sabine próximo de 1 significa que o material é totalmente absorvente, e a 0 não é de todo absorvente.

A Impedância – Quando uma onda encontra um ambiente de impedância diferente, é em parte refletido dentro do primeiro ambiente e transmitida dentro do segundo ambiente de acordo com suas respectivas impedâncias. O Limite entre dois ambientes é chamado de Interface. Normalmente, uma parte da onda ao invés de ser refletida ou transmitida, será absorvida pela interface em virtude do coeficiente de absorção característico do material que compõe essa interface.

A energia total de uma onda incidental ou inicial será igual à energia cumulativa das ondas refletidas transmitidas e absorvidas.

Ambiente mais denso = mais a impedância acústica é elevada = A propagação do som é mais rápida. $Z° = pc$

Z = A impedância característica de um ambiente (não a impedância de um componente acústico)

p = massa volumétrica do material

c = velocidade do som dentro do material

INTRODUÇÃO À PRODUÇÃO MUSICAL

Material	Velocidade do som (m/s)	Massa volumétrica (Kg/m3)	Impedância (Kg/m2/s)
Ar (0°C)	331	1,293	
Ar (20°C)	343	1,3	450
Hélio	990		
Chumbo	1200		
Álcool etílico	1207	790	1 330 000
Óleo	1450	920	1 480 000
Água	1480	1000	1 640 000
Músculo	1580	1040	
PVC duro	1700		
Terra/areia	2000 a 3000		
Raiz	3000		
Concreto	3100		
Gelo	3200		
Tronco de árvore	3300		
Osso	4000	1900	7 700 000
Vidro	4000 a 6000		
Alumínio	5000	2700	
Ferro	5120	7900	
Rocha	5000 a 6000		

49

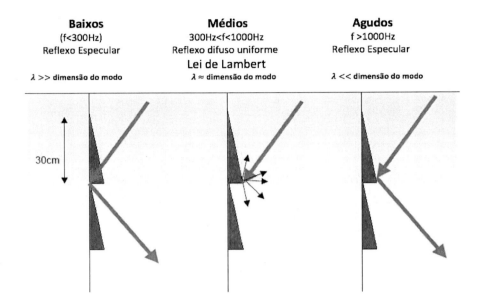

Os reflexos tem um papel importante no nosso julgamento estético quando tomamos decisões em nossas práticas de gravação (mixagem) digital. Por essa razão os estúdios de gravação são equipados com diversos pares de monitores de som dispostos em diferentes distâncias em referencia à cadeira do engenheiro de som.

A reverberação reagrupa todos os reflexos de um som que são percebidos como prolongação. Para ouvir a repetição de um som como Eco, o principio do Efeito Haas indica que precisamos escutar a repetição com um atraso de no mínimo 50ms do som original.

Na reverberação não observamos a repetição de uma som, mas, somente a sua prolongação. O Delay (atraso) entre os dois eventos é inferior a 50ms.

Os três componentes do campo acústico:

1. O som direto.
2. Os reflexos precoces (ou primeiros reflexos).
3. O campo difuso (ou a reverberação como tal).

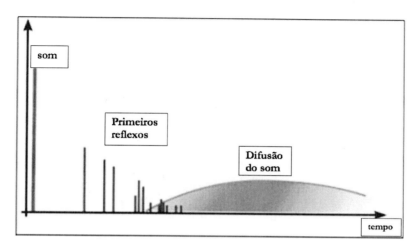

ECO

No eco percebemos a repetição do som. O Delay entre os dois eventos é inferior a 50ms ou menos. Caso contrario, o Efeito HAAS indica que os dois sons serão percebidos como uma simples prolongação de um só som.

Entre o local da emissão do som e o local onde é percebido, separado por uma distancia de 30m, o Delay pode ser calculado da seguinte forma:

30m / 340ms = 88ms. Mas, a onda refletida voltará ao ponto inicial. Sendo assim o Delay será de 2 x 88ms = 176ms.

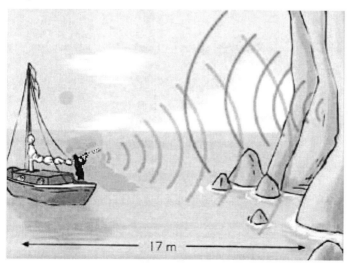

LOCALIZAÇÃO ESPACIAL

A escuta "bi-aural" segue o fenômeno da localização lateral e depende ao menos de três fatores:

1. A diferença do tempo inter-aural (DTI) – Quando um som vem de um lado da nossa cabeça, ele levará mais tempo para chegar no ouvido do outro lado. O calculo é em microssegundos e não em milissegundos. Bastante eficazes para frequências graves abaixo de 800Hz.

2. A diferença de Intensidade – Bem eficazes para frequências media acima de 1600Hz.

3. A diferença Espectral – Podemos ver a cabeça como um filtro que afeta o timbre. Assim que o som é percebido em um ouvido, a cabeça altera o timbre do som que vai chegar no outro ouvido. (Hugonnet et Walder)

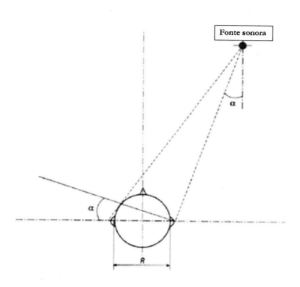

EFEITO HAAS

Fenômeno físico acústico descoberto pelo Dr. Helmut Haas em 1949. Ligado à diferença do tempo inter-aural, também conhecido como "efeito de precedência". Em reflexos de 50ms ou menos, o ouvido fusiona com o som direto.

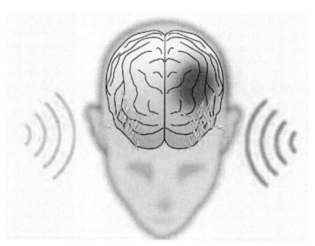

EFEITO DOPPLER

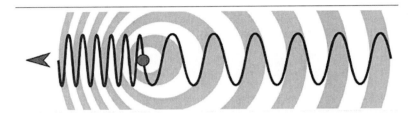

O produto de uma alteração de frequências (altura) de um som causado por um movimento (variação de velocidade e distância). Se a fonte se direciona para o receptor (ou vice-versa), o cumprimento da onda dos sons diminuem para o receptor, que ouvirá o aumento da frequência. A situação é inversa quando a fonte se distância do receptor. Se o movimento entre a fone emissora e o receptor forem simétricos, não existira tal fenômeno.

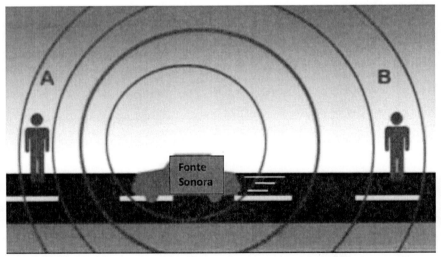

Frequência que se aproxima (A)   Frequência que se afasta (B)

CAMPO PRÓXIMO - CAMPO DIFUSO

Dentro de um estúdio de gravação 1

Dentro de um estúdio de gravação 2

Campo livre – É um local, idealmente teórico, que não apresenta nenhum reflexo de ondas sonoras ou que suas superfícies absorvem todos os sons. O único som que soa é chamado de som direto. Cada vez que dobramos a distância que nos separa da fonte sonora, a pressão acústica decresce em 6dB.

A acústica de uma sala – Cada sala tem a sua própria acústica. Que dizer, sua própria mistura de sons diretos e reflexos. Para uma fonte sonora dentro de uma sala, haverão campos próximos onde serão ouvidos os sons diretos mais distantes da fonte emissora, mas, haverão também campos difusos. A distância crítica é o ponto entre esses dois campos onde os níveis de sons diretos e seu s reflexos são iguais. Podemos descrever a acústica de uma sala, medindo o seu tempo de reverberação 60, que é o tempo para que o nível sonoro decresça 60dB após a emissão do som. (ATIENZA, Ricardo et BALEZ, Suzel 2009)

PROCESSO DE TRATAMENTO DO SOM

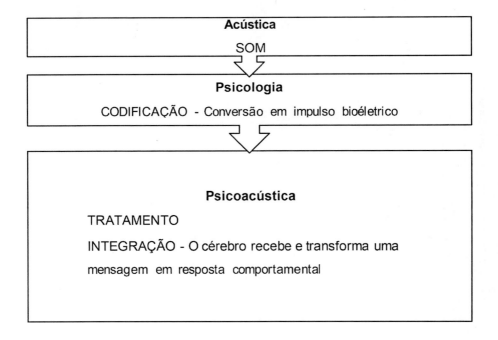

O FENÔMENO DA AUDIÇÃO

O Ouvido é um transdutor que converte as ondas sonoras em sinais elétricos.

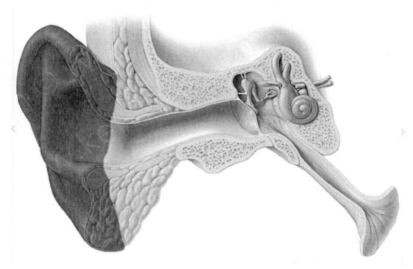

O Ouvido se divide em três partes:

1. Ouvido externo que capta e amplifica as ondas mecânicas.

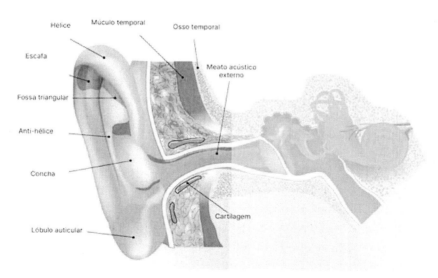

2.Ouvido médio que transmite as ondas ao órgão receptor (ouvindo interno).

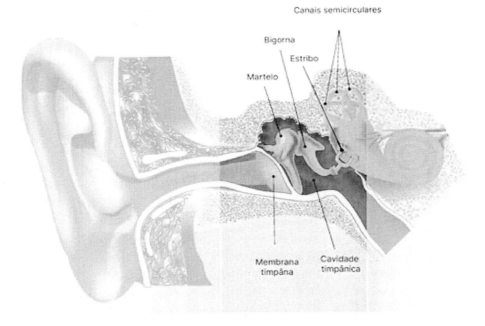

3.Ouvido interno recebe as ondas em forma de sinal elétrico e os envia para o cérebro.

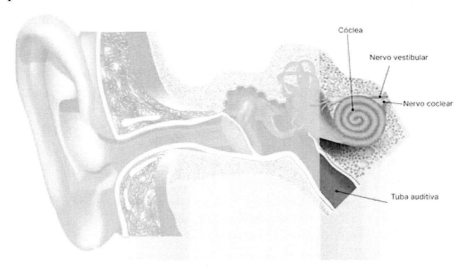

TRANSDUÇÃO

O OUVIDO

O processo da audição

- O Pavilhão auricular amplifica e direciona os sons em direção ao interior do ouvido através do Conduto auditivo externo.

- O Conduto auditivo externo tem por medidas 25mm de cumprimento e 10mm de diâmetro. Leva ao tímpano, que divide o ouvido externo e ouvido médio.

- A Caixa do Tímpano (Tímpano + Ossículos + Trompa de Eustáquio + Músculo do Martelo) é o elemento central do ouvido que assegura a transmissão dos sons vindos do ouvido externo em direção ao meio líquido do ouvido interno.

- O Tímpano é uma membrana fibrosa que separa o ouvido externo do ouvido médio e tem uma forma arredondada.

- Os Ossículos transmitem a energia mecânica das ondas em direção ao ouvido interno. Ele serve como adaptador da impedância do meio aéreo para o meio líquido, conseguindo transmitir cerca de

60% dessas ondas ao ouvido interno. Sua estrutura garante que a pressão acústica seja recebida na cóclea 20 vezes menos intensa que no tímpano.

- A Trompa de Eustáquio liga o ouvido médio com a garganta e assegura o equilíbrio em todas as partes do tímpano.

- O Ouvido interno compreende uma cavidade óssea chamada de labirinto ósseo. Dentro dessa estrutura flutua um órgão flexível chamado de labirinto membranoso.

- A Cóclea é um órgão oco constituído de três canais enrolados em forma de espiral. As rampas vestibulares e timpânicas são preenchidas de um líquido chamado de Perilinfa ao passo que o canal coclear é preenchido com um líquido chamado de Endolinfo. Dentro do labirinto membranoso encontramos parte da cóclea chamada de Canal Coclear (Vestíbulo Membranoso + Órgão de Corti), onde nasce o Nervo Coclear. Graças às fibras das células ciliares é possível transformar as vibrações em influxos nervosos.

INTENSIDADE

- Diferentes formas de quantificar a onda sonora
- Compreender a potência sonora, a pressão sonora e a intensidade sonora

A INTENSIDADE SONORA

Definição

A Amplitude e o volume sonoro não são idênticos.

- Amplitude é uma medida de grandeza de um sinal ou de uma variação de pressão.
- Volume sonoro é a nossa percepção de amplitude que varia de um indivíduo a outro.

Como medir a Onda sonora? (VOYARD, Pierre. 2009)

Objeto de medida	Descrição
Pressão acústica - P (em Pascal - Pa)	Medida de pressão (Atmosférica) do som a uma certa distância da fonte. O nome do aparelho que ajuda essa medição é o Sonômetro.
Potencia acústica (em Watt)	Calcula a potencia total do som emitido. Medido através de um microfone de acordo com os Standards ISSO.
Intensidade acústica (em W/m^2)	Calcula a intensidade sonora do som a uma certa distância da fonte.
Curva de Isonomia (em Fones)	Descreve um mesmo nível sonoro percebido em função da nossa percepção de frequência
Escala de Sonia (em Sones)	Designa numericamente a força dos sons proporcionais ao nível sonoropercebido
Escala de Decibéis (em dB)	Descreve a potência ou intensidade do som em relação a um limite de audição fixo

ESCALA DE PRESSÃO ACÚSTICA AUDÍVEL

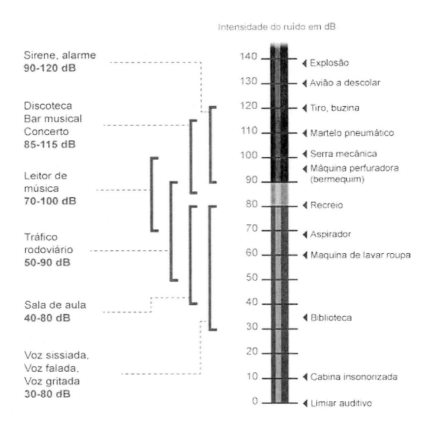

Fonte	Pascal	Micropascal
Avião a jato	200	200 000 000
Concerto de Rock	20	20 000 000
Martelada	0,63	630 000
Motocicleta	0,2	200 000
Conversação	0,02	20 000
Sussurro	0,0002	200
Limite audível	0,00002	20

ESCALA DE POTÊNCIA ACÚSTICA AUDÍVEL

Expressas em Watts

Fonte	Watts (Pac)
Motor de foguete	1 000 000 W
Turbo-reator	10 000 W
Sirene	1 000 W
Metralhadora	10 W
Martelada	1 W
Helicóptero	0,1 W
Conversação	10^{-5} W (0, 000 01 W)
Refrigerador	10^{-7} W (0, 000 000 1 W)
Sussurro	10^{-9} W (0, 000 000 001 W)
Limite audível	10^{-12} W (0, 000 000 000 01 W)

INTENSIDADE ACÚSTICA (I) = POTENCIA ACÚSTICA /4πr/

Expressa em Watts/m^2, a intensidade acústica designa o fluxo de energia acústica que é transmitida em determinada direção, durante uma unidade de tempo, através da unidade de superfície. Calculado por intermédio da pressão acústica através de dois ou mais microfones, depende muito do ambiente de propagação e da distância que a medição é efetuada em relação à fonte sonora.

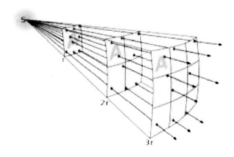

A Intensidade acústica (I_a) é inversamente proporcional ao quadrado da distância da fonte.

A Pressão acústica (SPL) é inversamente proporcional a distância da fonte.

Atenção: Aqui falamos em Medida de Pressão (em Pascal) e de Potência (de Intensidade em $Watts/m^2$, não em decibéis (dB). Desde que a Intensidade acústica é proporcional ao quadrado da pressão acústica, dobrar a distância da fonte se traduz em uma queda de 6dB para os dois de forma similar.

CURVAS DE ISOSONIA (DOS SONS PUROS)

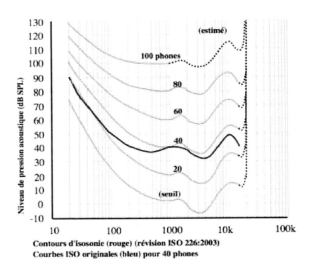

Cada curva significa um mesmo nível de intensidade percebida, expressa (em Phones). O Phone é uma unidade da Sonia que leva em conta a nossa desigual percepção de frequência (nas curvas e não na linha à direita).

1 Phone é fixado no nível de uma frequência de 1kHz 1 dBSPL.

Exemplo de curva de 60 Phones: Destacamos que uma frequência de 1 000 Hz à 60dBSL é percebida no mesmo nível que uma frequência de 110 Hz à 70dBSL. Em outras palavras, as frequências de 1khz (à 60dBSL) e 110 (à 70dBSL) são percebidas com a mesma intensidade de 60 Phones.

Quanto mais o nível sonoro é elevado, mais a curva tende a se achatar. Ou seja, todas as frequências serão percebidas como mais iguais.

A Escala de Sonia (Loundness-Sonie) – Uma grandeza Psicoacústica

sonie	1	2	4	8	16	32	64	128	256	512	1024
phones	40	50	60	70	80	90	100	110	120	130	140

O volume sonoro de 1 Sone é fixado em 40 *Phones*, sendo o volume sonoro de 1khz à 40 dBSL*. Um nível de 2 Sones é duas vezes mais forte do que o de 1 Sone e o nível de 4 é duas vezes mais forte do que o de 2 Sones etc. Dessa forma, a escada de Sonia representa nossa percepção de intensidade sonora dentro de uma maneira linear, ou melhor dizendo, dobrar o número da Sonia equivale a dobrar a intensidade sonora percebida.

Quando dobramos as Sonias (intensidade sonora) equivalente a um aumento de 10 *Phones* (10 dBSPL), observamos duas coisas:

- Um aumento de 10 dBSPL representa uma dobra na nossa sensação de intensidade sonora.

- Mesmo se dobrar a distância da fonte sonora resulte em uma queda de 6 dBSL, isso não será percebido como uma diminuição de metade da intensidade sonora.

Adição de níveis sonoros / Intensidades

Os sons não se adicionam linearmente, mas, sim de maneira logarítmica. O som mais forte determinará a intensidade total.

Para adicionar os sons incoerentes (que não são idênticos)

Diferença (em dB) entre os dois níveis sonoros	0	1	2	3	4	5	6	7	8	9
Valor (em dB) a adicionar ao nível mais forte	3,0	2,6	2,1	1,8	1,5	1,2	1,0	0,8	0,6	0,5

Para adicionar os sons coerentes (que são idênticos ou fortes similares)

Diferença (em dB) entre os dois níveis sonoros	0	1	2	3	4	5	6	7	8	9
Valor (em dB) a adicionar ao nível mais forte	6,021	5,54	5,54	5,07	4,65	4,25	3,88	3,53	3,21	2,91

O Efeito de Máscara – Quando dois sons de diferentes intensidade dividem a mesma região espectral, mais evidente será a mascara.

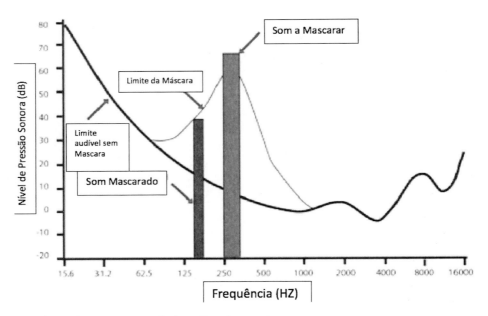

Perda auditiva com a idade – Presbiacusia

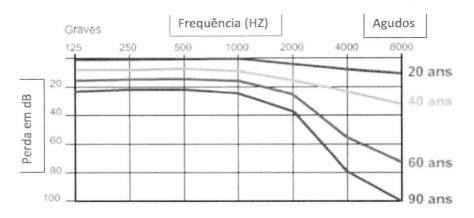

O Logaritmo

O logaritmo é uma operação matemática diretamente relacionada com as equações exponenciais. Nele buscamos encontrar o expoente que faz com a base seja igual ao que chamamos de logaritmando.

Exemplo: $Log_2 8 = 3$, pois $2^3 = 8$.

O decibel (dB) não é uma unidade de medida, mas sim um logaritmo entre dois valores. O decibel sempre indica que uma é inferior ou superior a outra. Sendo essa outra um valor de referencia. Esse valor de referencia determinará o tipo de dB.

Diferentes tipos de dB:

- dBU: referencia 0 dBU = 0,775 volt RMS

- dBV: referencia 0 dBV = 1 volt RMS

- dBFS: referencia 0 dBFS = máximo de acordo com sistema

- VU: referencia 0VU = +4dBu = 1,227 volt RMS (para pós-produção, o 0VU é calibrado em -18dBFS)

- dBSPL: referencia 0 dBSPL = limite auditivo em Pascal = 20 uPa = 2×10^{-5} Pa

- dBSWL: referencia 0 dBSWL = limite auditivo em potencia 10^{-12} Watt

OBSERVAÇÃO IMPORTANTE: 0 significa nível neutro, mas, na escada dBFS 0 representa o ponto máximo do sistema onde vai CLIPAR.

A ESCALA DE DECIBÉIS PONDERADA

Exemplo de uma ponderação "dBA"

63Hz	125Hz	250Hz	500Hz	1kHz	2kHz	4kHz	8kHz
-25dB	-15dB	-8dB	-3dB	0dB	+1dB	+1dB	-

As ponderações são aproximativas e tem por objetivo melhor aproximar nossa percepção frequencial em um nível baixo (dBA), num nível médio (dBB) e em um nível forte (dBC).

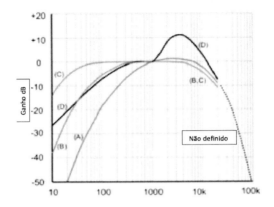

- dB(A) – decibéis ponderados de acordo com a curva de Isosonia de 40 *Phones* (1kHz à 40 dBSPL)

- dB(B) - decibéis ponderados de acordo com a curva de Isosonia de 80 *Phones* (1kHz à 80 dBSPL)

- dB(C) - decibéis ponderados de acordo com a curva de Isosonia de 110 *Phones* (1kHz à 110 dBSPL)

PARA COMPARAR DUAS POTENCIAS EM DB

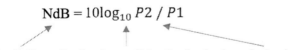

$$NdB = 10\log_{10} P2 / P1$$

N° de decibéis   Potência medida   Potência de referência em Watt

PARA COMPARAR DUAS PRESSÕES EM DB

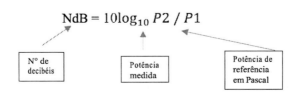

$$NdB = 10\log_{10} P2 / P1$$

N° de decibéis   Potência medida   Potência de referência em Pascal

EXPRIMIR A POTENCIA ACÚSTICA EM dB_{SWL} (SOUND POWER LEVEL)

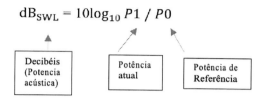

PARA UMA FONTE SONORA QUE EMITE UM TOTAL DE 1 WATT

$P1 = 1W$

$P0$ = Potência de referência = 10^{-12} Watts (0 dB SWL, limite auditivo em Watt)
dB SWL = $10 \log_{10}$ (1 watt / 0, 000 000 000 001 watts)
     = 120 dB SWL

ESCALA DE POTENCIAS ACÚSTICAS AUDÍVEIS EXPRESSAS EM dB_{SWL}

Fonte	dB_{SWL}	Watts (Pac)
Motor de foguete	180 dB	1 000 000 W
Turbo-reator	160 dB	10 000 W
Sirene	150 dB	1 000 W
Metralhadora	130 dB	10 W
Martelada	120 dB	1 W
Helicóptero	100 dB	0,1 W
Conversação	70 dB	10^{-5} W (0, 000 01 W)
Refrigerador	50 dB	10^{-7} W (0, 000 000 1 W)
Limite audível	0 dB	10^{-12} W (0, 000 000 000 01 W)

O dB$_{SWL}$ não se refere a nossa percepção de volume. Em geral essa media é utilizada por fabricantes de equipamentos para servir de parâmetro comparativo em relação a potencia sonora total emitida. Notadamente, essa medida não varia de acordo com a distância da fonte.

EXPRIMIR A PRESSÃO ACÚSTICA EM dB$_{SPL}$ (SOUND PRESSURE LEVEL)

$$dB_{SPL} = 20 \log_{10} P1 / P0$$

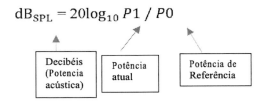

NÍVEL DE REFERENCIA (À 1KHZ)

Limite auditivo (P0) = 2* 10^{-5} Pascais = 0,00002Pa

20 (e não 10 como anteriormente), caso a intensidade acústica é proporcional a pressão ao quadrado, da mesma forma que a potencia elétrica é proporcional à tensão elétrica ao quadrado. O fator de 2 (2 x 10), leva em consideração essa constatação, pois log$_x$ 2 = 2 (log x)

CURIOSIDADE

Um motor de foguete emite uma grande quantidade de energia acústica (equivalente à 190 dB). Devido a esse fato, a NASA instalou uma bacia de água abaixo dos foguetes para absorver a maior parte da energia acústica e reduzir o nível a mais ou menos 142 dB.

PRESSÃO ACÚSTICA EM dB$_{SPL}$

Fonte	dB$_{SPL}$	Pascais	Micropascais
Avião a jato	140 dB	200	200 000 000
Concerto de Rock	120 dB	20	20 000 000
Martelada	90 dB	0,63	630 000
Motocicleta	80 dB	0,2	200 000
Conversação	60 dB	0,02	20 000
Sussurro	20 dB	0,0002	200
Limite auditivo	0 dB	0,00002	20

CALCULAR UMA DIFERENÇA EM dB$_{SPL}$ (SOUND POWER LEVEL)

A diferença em decibéis entre dois sinais de potencias respectivas de 2 Watts e de 1 Watt:

NdB = $10\log_{10} P2 / P1$
   P2 = 2 Watts e P1 = 1 Watt
NdB = $10\log_{10} 2 / 1$
   $log_{10} 2 = 0,30102999566398$
10(0,30102999566398) = $3dB$ aproximadamente

OBSERVAÇÃO: Dobrar a potencia de 1 Watt para 2 Watts = aumento de 3 dB de potencia acústica.

CALCULAR UMA DIFERENÇA EM dB$_{SPL}$ (SOUND PRESSURE LEVEL)

A diferença em decibéis entre dois sinais de pressões (atmosféricas) respectivas de 2 Pascais e de 1 Pascal:

$NdB = 20\log_{10} P2 / P1$

   P2 = 2 Pascais e P1 = 1 Pascal

$NdB = 20\log_{10} 2 / 1 = 20\log_{10} 2$

   $log_{10} 2 = 0,30102999566398$

$20(0,30102999566398) = 6dB$ aproximadamente

OBSERVAÇÃO: Dobrar a potencia de 1 Pascal para 2 Pascais = aumento de 6 dB de pressão acústica.

Calcular uma diferença em **dB$_{SPL}$** (Sound pressure level) de acordo com a distância a 10 m de distância da cena em uma sala de espetáculo, o sonometro indica 92 dB$_{SPL}$. Ignorando as condições do ambiente, qual será o nível indicado pelo sonometro à 17m?

Nível 2 em dB = Nível 1 em dB - $20\log_{10} r1 / r2$, onde r = distância da fonte

Dados:

- Nível 1 = 92dB$_{SPL}$
- r1 = 10 m
- r2 = 17 m

Nível 2 em dB = 92 - $20\log_{10}$ 10 / 17

   = 92 - $20\log_{10}$ 0,58823529

   = 92 – 4,61

   = 87,4 dB$_{SPL}$

NÍVEL TÍPICO DOS APARELHOS DE ÁUDIO (LIMITES)

O nível de um instrumento pode oscilar de limite de tensão. Para converter tensão de dBu: dBu = 20 log[V/0,775]

	Volt	dBu
Microfone	De 2mV (0,0002 volt) à ±1V	De -52dBu à ±2,2dBu
Instrumento (Guitarra)	De 0,1V à 1V (captação passiva) à 1,75V (captação ativa)	De -17,7 dBu à +7dBu
Limite (amador)	0,316 V	-7,78 dBu (-10 dBV)
Limite (profissional)	1,23 V	+4 dBu

AMPLITUDE RMS

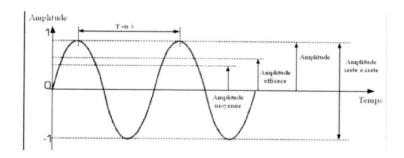

Amplitude média é o valor da média aritmética dum sinal positivo.

Amplitude eficaz (RMS "root-mean-square") é a raiz quadrada da média do quadrado da intensidade do sinal calculado sobre um período de T.

A Amplitude RMS de um sinal senoidal é = 0,7071 x amplitude.

A amplitude RMS é a que mais se aproxima da nossa percepção de intensidade sonora.

1. Os valores de amplitude do sinal são quadrados (isso elimina todos os valores negativos)

2. Pegamos a sua média (os valores são adicionados e depois divididos pelo número de medidas)

3. Pegamos então a raiz quadrada dessa média.

Nível no Audacity

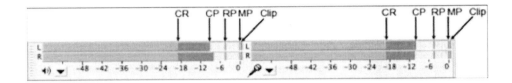

CR: Nível RMS atual
CP: Nível "Pico" atual
RP: Nível "Pico" recente
MP: Nível "Pico" máximo
Clip: Corte (Estouro)

RUÍDO DE FUNDO

Na ausência de um sinal de áudio, o nível de ruído produzido por um aparelho ou sistema de som, é expresso em dB.

Quanto mais baixo for o nível do ruído de fundo, mais o sistema ou aparelho é capaz de captar os sinais de áudio.

Todo sinal inferior à mais ou menos -83 dBFS não serão reconhecidos pelo sistema do aparelho de som, tal como apresentado no gráfico abaixo.

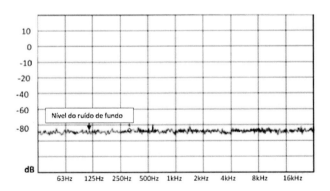

TERMOS IMPORTANTES:

Margem dinâmica é a diferença de amplitude sonora entre o nível máximo (antes de clipar) e o nível minimal dum sistema ou aparelho de som.

Relatório Sinal/Ruído relata o nível nominal de uma sinal e o nível de ruído de fundo.

SNR = P$_{sinal}$ / P$_{ruído}$, onde P é expresso em Pascal.
SNR$_{dB}$ = 10_{log10} (P$_{sinal}$ / P$_{ruído}$), onde SNR é expresso em dB.
O Nível nominal "optimal" de um sinal dentro de um aparelho ou sistema, onde P é expresso em dB. SNR = P$_{sinaldB}$ / P$_{ruídodB}$
O Nível nominal Standard profissional é = +4dBu (1,228V RMS) e o amador é -10dBV (0,316V RMS ou -7,78 dBu).
O Headroom é o nível que sobra entre o nível nominal e o nível maximal. É o que mais ocorre nas gravações.

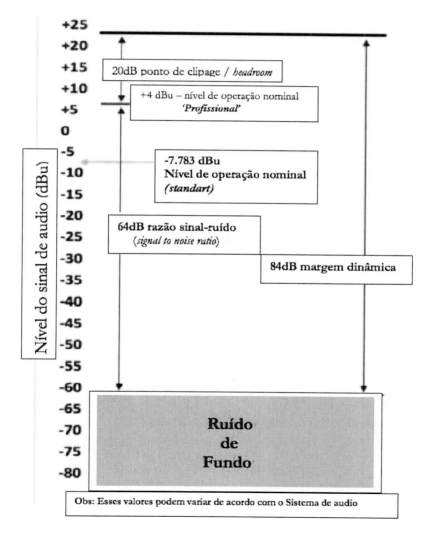

UNIDADE DE GANHO

O nível neutro numa mesa de som ou aparelho de áudio é o indicador onde o sinal não é nem aumentado nem atenuado. Ou seja, o sinal de saída (output) é o mesmo que de entrada (input). Em sistemas analógicos, a voltagem do sinal permanece imutável desde a entrada até a saída.

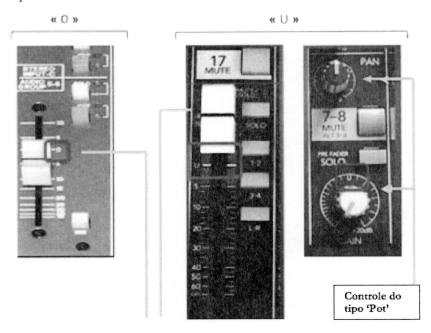

As réguas dão a escala de amplitude de um ou vários sinais adicionados.

Dentro de uma mesa de som analógica, trata-se da adição de voltagem (tensão elétrica que transita através dos circuitos).

Nas mesas de som digitais, o processo é de adicionar números binários (cálculos). Cada um desses (cálculos) obtém um valor de tensão medido no momento em que o sinal analógico é digitalizado. A escala vária de acordo com o tipo de dB (referencia) do sistema. As vezes uma régua estampa diversas referencias juntas.

INTRODUÇÃO À PRODUÇÃO MUSICAL

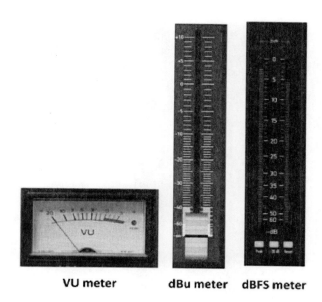

VU meter dBu meter dBFS meter

RESUMO

Medidas de amplitude do som

Sobre forma de onda acústica (pressão atmosférica). Medida em Pascal (Pa). O valor da pressão atmosférica ao nível do mar é definido como 1 atm (1 atmosfera). Esse valor é equivalente a 101.325 Pa (pascal), unidade utilizada para pressões no Sistema Internacional de Unidades. O pascal é, por sua vez, equivalente ao newton por metro quadrado (N/m²).

Sobre forma de sinal analógico (tensão elétrica). Medida em Volt (V) dBu ou dBV.

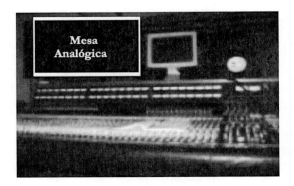

Sobre forma de sinal digital, é feita uma representação da tensão elétrica. Medida em dígitos/dBFS.

- Dobrar a pressão acústica ou a tensão elétrica (V) = 6dB

- Dobrar a potencia acústica = +3 dB

- Dobrar a "Sonia" (volume sonoro sentido) = +6dB

- Dobrar a distância da fonte = -6dB (intensidade da pressão), sendo que a pressão em Pascal será reduzida à metade e a intensidade em w/m^2 será reduzida ¼.

GLOSSÁRIO

Amplitude é a grandeza de um sinal ou de uma variação de pressão.

Curva Isosonica é a descrição de um mesmo nível sonoro sentido em função da nossa percepção de frequência. O Phone é a unidade da Sonia que leva em conta a nossa desigual percepção de frequência. Numa curva de Isosonia, quanto mais o nível sonoro é elevado, mais a curva tende a se achatar. E isso é que tem consequências importantes de acordo com o tipo música que vamos mixar.

Decibel (dB) não é uma unidade de medida, mas sim um relatório logaritmo entre dois valores. A indicação é para comparar que uma é superior ou inferior a outra, também em relação a um valor de referencia implícito. Esse valor de referencia determinará o tipo de dB (dBV, dBu etc.), pois existem vários tipos de dB.

Escala de Sonia mede a força proporcional dos sons em relação ao nível sonoro sentido. Essa escala representa nossa percepção de intensidade sonora de maneira linear, ou seja, dobrar o valor da Sonia equivale, em principio, a dobrar a intensidade sonora sentida.

Intensidade acústica (Ia) é a intensidade sonora do som a uma certa distância da fonte e é inversamente proporcional ao quadrado da distância da fonte.

Pressão acústica é a pressão atmosférica do som a uma certa distância da fonte. A pressão acústica depende da distância a qual a medida é efetuada e das condições do ambiente (temperatura, humidade etc.). A pressão acústica SPL é inversamente proporcional à distância da fonte.

Potencia acústica é a potencia total do som emitido. A potencia acústica é calculada a partir da captura de diversas fontes medidas de acordo com os padrões ISO. Ela é independente da distância da medida efetuada e das condições do ambiente.

Volume sonoro é a percepção de amplitude sonora e varia de uma pessoa a outra.

# PARTE 2

A segunda parte deste trabalho, tem como objetivo principal conhecer as ferramentas para a produção musical digital, suas funções e modos de funcionamento.

DIGITALIZAÇÃO DE UM SINAL

Em computação, complemento para dois ou complemento de dois é um tipo de representação binária de números com sinal amplamente usada nas arquiteturas dos dispositivos computacionais modernos.

O complemento de dois de um número de N bits é definido como o complemento em relação a 2^N. Para calcular o complemento de dois de um número, basta subtrair este número de 2^N, que em binário é representado por um seguido de N zeros. Outro método é calcular o complemento de um e somar um ao valor. (David Miles Huber).

O bit mais significativo (MSB) é o que informa o sinal do número. Se este dígito for 0 o número é positivo, e se for 1 é negativo.

Os números são escritos da seguinte forma:

Positivos: Sua magnitude é representada na sua forma binária direta, e um bit de sinal 0 é colocado na frente do MSB.

- (bit 0) + o número em binário.

- Exemplos: 0001 (+1), 0100 (+4) e 0111 (+7)

Negativos: Sua magnitude é representada na forma de complemento a 2, e um bit de sinal 1 é colocado na frente do MSB.

- Pegamos o número em binário e "invertemos" (0100 invertendo têm-se 1011) e

- Somamos um ao valor "invertido" (1011 + 0001 = 1100).

Desta maneira, só existe uma representação para o número zero (   ).

As vantagens do uso do complemento de 2 é que existe somente um zero e que as regras para soma e subtração são as mesmas. A desvantagem é o fato de ser um código assimétrico, porque o número de representações negativas é maior que o número de representações positivas. Por exemplo, com oito bits em complemento para 2 podemos representar os números decimais de -128 a +127.

ALGORITMOS PARA OBTENÇÃO DO COMPLEMENTO DE 2

Para se obter o **complemento de 2** de um número binário, a regra geral nos diz para subtrair cada algarismo de 2. Por causa da particularidade dos números binários (subtrair de 1 cada bit é o mesmo que inverter todos os bits - e é o mesmo que tirar o complemento de 1), para obter o C2 de um número obtemos primeiro o complemento de um (invertendo os bits) e depois somamos 1 ao resultado, já que (2-N) = (1-N)+1.

Existe outra maneira de usar o complemento a dois. Vamos supor que temos um número binário 101110, começando da direita para esquerda você vai repetindo o número (para a esquerda) até encontrar o número 1, depois que encontrá-lo repita-o e passe a inverter o restante. Continuado o nosso exemplo:

Número: 101110

- Passo 1 - 0 (o primeiro número da direita)

- Passo 2 - 10 (Aqui encontramos o primeiro 1, então vamos repeti-lo e continuar)

- Passo 3 - 010 (Invertemos o número 1 da terceira posição da direita para a esquerda)

- Passo 4 - 0010

- Passo 5 - 10010

- Passo 6 - 010010 (o resultado do complemento)

Outro número: 1101

- Passo 1 - 1 (O primeiro número da direita para a esquerda é o 1, então repetimos e passamos a inverter o restante)

- Passo 2 - 11
- Passo 3 - 011
- Passo 4 - 0011

EXEMPLOS

Tabela exemplo para números binários (4 dígitos) representados em complemento de 2:

Decimal	Binário s/ sinal	Binário (Compl. 2)
-8	-	1000
-7	-	1001
-6	-	1010
-5	-	1011
-4	-	1100
-3	-	1101
-2	-	1110
-1	-	1111
0	000	0000
1	001	0001
2	010	0010
3	011	0011
4	100	0100
5	101	0101
6	110	0110
7	111	0111

Note que com quatro dígitos (bits) não é possível representar o número 8 positivo, porém o número 8 negativo (-8) permanece. Assim conseguimos representar 16 valores com quatro bits (2^4)

SISTEMA DE NUMERAÇÃO DECIMAL

O sistema de numeração normalmente utilizado, o sistema decimal, apresenta dez dígitos (algarismos), são eles: 0, 1, 2, 3, 4, 5, 6, 7, 8, 9. No sistema decimal, 10 é à base do sistema.

Observação: para um sistema de base N, os dígitos vão de 0 à N-1.

Exemplo: 32845110 = 3 x 105 + 2 x 104 + 8 x 103 + 4 x 102 + 5 x 101 + 1 x 100

= 300000 + 20000 + 8000 + 400 + 50 + 1

= 328451 □ Grandeza

Descrição de formação do número:

X. BY

SISTEMA DE NUMERAÇÃO BINÁRIO

Este sistema de numeração, como o próprio nome sugere, apresenta base 2. Os números 0 e 1 são os dígitos deste sistema.

Para representarmos à quantidade zero, utilizamos o algarismo (0), para representarmos a quantidade um, utilizamos o algarismo (1). E para representarmos a quantidade dois, se nós não possuímos o algarismo (2) nesse sistema? Basta lembrar-se de como é obtido o número dez no sistema de numeração decimal, onde os dígitos vão de 0 a 9.

Representamos a quantidade de uma dezena utilizando a algarismo 1 (um) seguido do algarismo 0 (zero).

Neste caso, o algarismo 1 (um) significa que temos um grupo de uma dezena e o algarismo 0 (zero) nenhuma unidade, o que significa dez.

- 1 Posição do dígito, em relação a vírgula
- Base do sistema de numeração
- Dígito do número em questão

No sistema binário agimos da mesma forma, para representarmos a quantidade dois, utilizamos o algarismo (1) seguido do algarismo (0). Sendo assim, a numeração em binário vai tornar-se:

Decimal Binário

0 0
1 1
2 10
3 11
4 100
5 101
. .
. .
. .

O sistema binário é de grande importância, pois apresenta correspondência direta com os estados de um sistema digital. Por exemplo: para o dígito 0 pode-se atribuir o valor de tensão 0 V (GND, COM) e para o dígito 1 pode-se atribuir o valor de tensão de + 5 V.

Exemplo: $1001101_2 = 1 \times 2^6 + 0 \times 2^5 + 0 \times 2^4 + 1 \times 2^3 + 1 \times 2^2 + 0 \times 2^1 + 1 \times 2^0$

$= 64 + 0 + 0 + 8 + 4 + 0 + 1$

$= 77_{10}$

Conversão de um número no sistema binário para o equivalente no sistema decimal.

Regra geral: multiplica-se cada dígito pelo valor da base elevada a uma dada potência, definida pela posição do dígito, e finalmente realiza-se a soma.

Exemplo: $11001101_2 = 1 \times 2^7 + 1 \times 2^6 + 0 \times 2^5 + 0 \times 2^4 + 1 \times 2^3 + 1 \times 2^2 + 0 \times 2^1 + 1 \times 2^0$

$= 128 + 64 + 0 + 0 + 8 + 4 + 0 + 1$

$= 205_{10}$

TERMINOLOGIA

NUMERIZAÇÃO/DIGITALIZAÇÃO

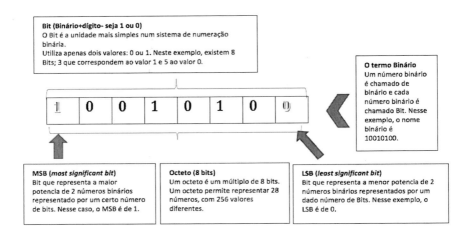

Quando utilizamos valores binários, substituímos os prefixos que aparecem na esquerda pelos sufixos que aparecerão à direita (Kilo, Mega, Giga).

1 kilobit = 1000 bits (10^3)
1 megabit = 1 000 000 bits (10^6)
1 gigabit = 1 000 000 000 bits (10^9)
1 terabit = 1 000 000 000 000 bits (10^{12})

Entrada	CAN	Codagem	Gravação	Decodagem	CNA	Saída
	Conversor Analógico-Digital A tensão elétrica variável é transformada em uma série de amostragem. Cada amostragem é representada por um número binário. A Codagem determinará a resolução e a taxa d amostragem. 1 0 0 1 0 1 0 0		Detecção e correção dos erros de Codagem	Conversor Digital-Analógico Os dados digitais são reconvertidos em um sinal analógico (tensão elétrica variável)		

TRATAMENTO DE UM SINAL DIGITAL

Transdução é o processo de transformação da onda sonora em sinal elétrico e vice-versa. É também o processo inicial e final da cadeia de eventos da produção musical digital.

Entrada é a fase de captação sonora, seja através de um microfone ou de um instrumento em linha. Em seguida temos a fase de digitalização que consiste em duas etapas (CAN- Conversão Analógica/Digital) e Codagem. Nessa fase acontece a transformação da tensão elétrica em uma série de amostragens. Cada uma dessas amostragens é representada por um número binário. Sendo assim, a Codagem determina a resolução e taxa de amostragem.

| 1 | 0 | 0 | 1 | 0 | 1 | 0 | 0 |

Gravação (estocagem de dados) é a fase onde são detectados e corrigidos os erros de Codagem. Realizado esse processo, a sequencia de Montagem, organização e tratamento das informações podem ser visualizadas e manipuladas através do Software utilizado na sua DAW (Digital Audio Workstation).

A fase seguinte é Desdigitalização, que consiste em duas etapas (Decodagem e CNA- Conversão digital/Analógica), onde os dados digitais são reconvertidos em um sinal analógico, melhor dizendo, em uma tensão elétrica variada, monitoradas por caixas acústicas ou fones de ouvido.

A Amostragem é a digitalização dum sinal analógico e sua variação no tempo e tem como objetivo transmitir informações codificadas dentro de um sinal.

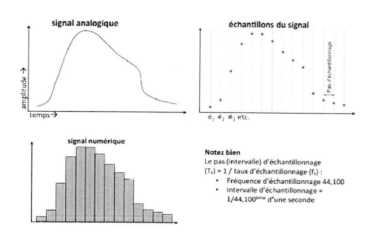

A Frequência de Amostragem é o número de amostras por unidade de tempo, também chamada de cadência ou taxa de amostragem. Quando a amostragem se faz em intervalos regulares, chamamos de frequência de amostragem. Quanto mais alta a taxa de amostragem, melhor é o resultado.

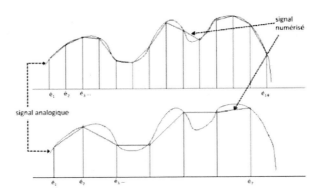

A Resolução (Profundidade de bits) corresponde ao nível de precisão da medida efetuada, que depende do número do valor possível que pode ter cada medida. Quanto mais elevado é esse valor, mais fidelidade terá a nota restituída em relação ao som original. Os formatos digitais são estocados dentro de sistemas de informática que utilizam uma linguagem "binária", onde a informação é estocada na forma de 0 e de 1. Cada par de valor possível corresponde a um bit. (ROADS, Curtis. 2007)

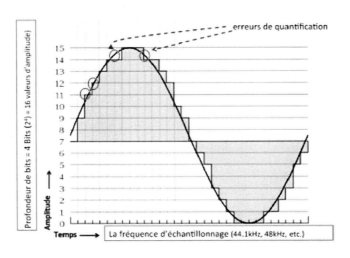

RELATÓRIO DA PROFUNDIDADE DE BITS/MARGEM DINÂMICA.

A margem dinâmica corresponde a diferença entre a intensidade mínima dum evento ou sistema sonoro e sua intensidade máxima. Cada bit de resolução do sistema vai permitir a digitalização duma quantidade de dados que se traduz em aumento de 6dB à margem dinâmica do sistema. A margem dinâmica suportável por um humano é no máximo 120dB. Sons que ultrapassam esse limite pode ser nocivo e causar danos às estruturas do ouvido interno.

- Sistemas de 4 bits = margem dinâmica de 24dB

- Sistemas de 24 bits = margem dinâmica de 144dB

- CD = 16 bits = margem dinâmica de 96 dB (16 x 6dB)

O Teorema de Nyquist-Shannon

O teorema de amostragem, também conhecido como teorema de Shannon ou teorema de Nyquist-Shannon, estabelecem condições que permitem a amostragem dum sinal de largura espectral e de amplitude limitada. A taxa de amostragem deve ser igual ou superior a duas vezes a frequência máxima contido dentro do espectro do sinal a ser amostrado. (Rumsey et McCormick (2002)

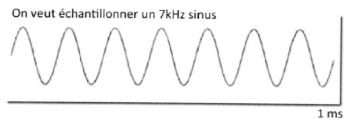

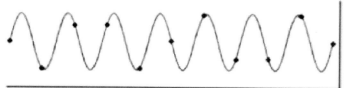

Para evitar problemas de empilhamento de frequências, fixaremos a frequência de amostragem a menos do que o dobro da frequência mais alta desejada e aplicaremos filtros que cortam todas as frequências que são mais altas que a frequência Nyquist (1/2 da taxa de Nyquist) situadas abaixo do espectro audível.

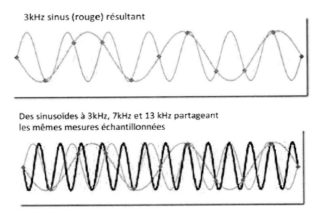

Tal como na ilustração oposta, os filtros não são absolutamente confiáveis, então uma taxa de amostragem de 44kHz, é necessário um pouco mais que o dobro do limite auditivo (20kHz). Em situações reais, os filtros não cortam 100% todas as frequências superiores a frequência de corte. Existe sempre uma zona de transição onde tem uma queda brusca de frequências até o corte total.

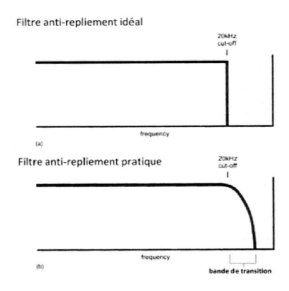

A Resposta do espectro (empilhamento) é um fenômeno que introduz uma frequência operadora dentro de um sinal que modula, ou frequências que não devam ser encontradas dentro dum sinal amostrado. Isso ocorre quando a frequência operadora ou a frequência de amostragem são inferiores a duas vezes a frequência máxima contida dentro do sinal.

    a. Sinal de amostragem numa velocidade correta.

    b. Sinal de amostragem com uma frequência insuficiente, ocasionando um empilhamento.

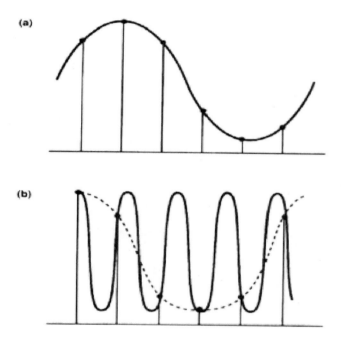

A Quantificação

O "bit rate" ou velocidade é o número de bits ou tratamento dos dados por unidade de tempos. Como exemplo, um arquivo MP3 é de 128 kbits por segundos.

A profundidade de bits ou resolução é o número de valores possíveis que podem ter cada medida. Quanto mais elevada forem as taxas de amostragem e a profundidade de bits, mais fidelidade terá o sinal digitalizado em relação ao original.

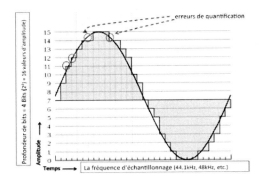

Amostragem de um sinal

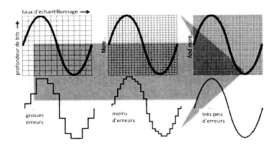

ETAPAS DE DIGITALIZAÇÃO DUM SINAL ANALÓGICO

Quando um sinal analógico é digitalizado, os valores das suas voltagens são medidos e comparados aos níveis disponíveis no sistema. Em função da resolução do sistema. Em seguida os valores são arredondados aos níveis mais próximos e estocados em forma de figura binária.

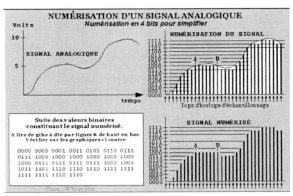

RECONVERSÃO DE UM SINAL DIGITAL EM SINAL ANALÓGICO

Quando reconvertemos um sinal digital para analógico, os valores de intensidade, antes representados por figuras binarias, são reconvertidos em valores de voltagem. Em seguida, um filtro de suavização irá interpretar os valores discretamente, afim de obter uma curva de voltagem suave, para finalmente chegar aos alto-falantes.

Os gráficos seguintes apresentam as etapas finais dentro da reconstrução do sinal digital para sinal analógico.

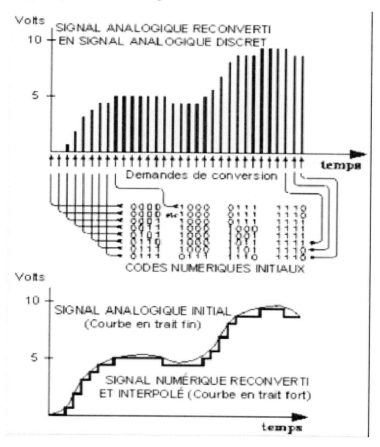

A numerotação decimal

O sistema de numerotação decimal utiliza a base dez ou décima potencia.

Exemplo para o número decimal 2048

| Classificação de pesos ||||
Milhar	Centena	Dezena	Unidade
10*	10/	10ᶜ	10⁰
2	0	0	0
	0	0	0
		4	0
			8

Potencia de 10
>2x10002000
>0x100000
>4x1040
>8x18
TOTAL2048

$2048 = 2048_{10} = 2 \times 10^3 + 0x10^2 + 4x10^1 + 8x10^0$

A NUMEROTAÇÃO BINÁRIA

De maneira análoga ao sistema decimal, o sistema de numerotação binária utiliza a base 2 ou segunda potencia. Observe como o número 45 corresponde a figura binária 101101.

Classificação de pesos

32	16	8	4	2	1	Veja como o númerodecimal 45 correspondeao número binário 101101
2^5	2^4	2^3	2^2	2^1	2^0	
10^{101}	10^{100}	10^{11}	10^{10}	10^1	10^0	
1	0	0	0	0	0	>1x100 000100 000
	0	0	0	0	0	>0x10 00000 000
		1	0	0	0	>1x1 0001000
			1	0	0	>1x100100
				0	0	>0x1000
				0	0	>1x11
					1	>

$45 = (1 \times 2^5) + (0 \times 2^4) + (1 \times 2^3) + (1 \times 2^2) + (0 \times 2^1) + (1 \times 2^0)$
     $32 \qquad\quad 0 \qquad\quad 8 \qquad\quad 4 \qquad\quad 0 \qquad\quad 1$

TOTAL 101101

Converter uma base de 10 em base de 2

A qual número binário (base de 2) corresponde o número 65_{10} ?			
Dividir o número pela base (2)	65/2 = quociente 32, resta 1	O restante passa a ser o primeiro número	1
Dividir o quociente pela base (2)	32/2 = quociente 16, resta 0	O restante passa a ser o próximo número	01
Dividir o quociente pela base (2)	16/2 = quociente 8, resta 0	O restante passa a ser o próximo número	001
Dividir o quociente pela base (2)	8/2 = quociente 4, resta 0	O restante passa a ser o próximo número	0001
Dividir o quociente pela base (2)	4/2, quociente 2, resta 0	O restante passa a ser o próximo número	0 0001
Dividir o quociente pela base (2)	2/2, quociente 1, resta 0	O restante passa a ser o próximo número	00 0001
Dividir o quociente pela base (2)	½, quociente 0, resta 1	O restante passa a ser o próximo número	**100 0001**
A divisão de quociente para quando o quociente chegar a 0. Os números binários são tipicamente agrupados em quartetos e octetos: **0100 0001**			

A qual número binário (base de 2) corresponde o número 473₁₀ ?			
Dividir o número pela base (2)	473/2 = quociente 236, resta 1	O restante passa a ser o primeiro número	1
Dividir o quociente pela base (2)	236/2 = quociente 118, resta 0	O restante passa a ser o próximo número	01
Dividir o quociente pela base (2)	118/2 = quociente 59, resta 0	O restante passa a ser o próximo número	001
Dividir o quociente pela base (2)	59/2 = quociente 29, resta 1	O restante passa a ser o próximo número	0001
Dividir o quociente pela base (2)	29/2, quociente 14, resta 1	O restante passa a ser o próximo número	0 0001
Dividir o quociente pela base (2)	14/2, quociente 7, resta 0	O restante passa a ser o próximo número	00 0001
Dividir o quociente pela base (2)	7/2, quociente 3, resta 1	O restante passa a ser o próximo número	**100 0001**
Dividir o quociente pela base (2)	3/2, quociente 1, resta 1	O restante passa a ser o próximo número	**1101 1001**
A divisão de quociente para quando o quociente chegar a 0. Resultado em octeto: 0000 0001 **1101 1001**			

PARTE 3

Nessa Terceira parte, trataremos a produção musical digital com um enfoque pratico, baseado nas etapas iniciais de manipulação da DAW e equipamentos da base tecnológica musical, com o objetivo de captar, mixar e finalizar a Obra de Arte Musical.

A indústria da tecnologia musical apresenta uma capacidade significativa de criação e aprimoramento bastante expressivo dos equipamentos para a produção musical de alta qualidade.

Nesse contexto, percebe-se um crescente incentivo à formação e capacitação de produtores de áudio, sejam eles técnicos, engenheiros e na maioria dos casos, músicos que visam dominar a etapa de produção musical e tornarem-se mais ativos na vulgarização das suas produções artísticas.

Com a devida consideração, nos dias atuais, podemos dizer que é possível produzir música com alta qualidade técnica em estúdios caseiros e com equipamentos de baixo custo acessíveis em larga oferta no mercado. Possibilitando uma maior abrangência e favorecendo o desenvolvimento da produção musical de forma descentralizada para certos estilos musicais.

Com a portabilidade de uma DAW (Digital Audio Workstation), o produtor musical pode instalar o equipamento e gravar os mais diversos fenômenos musicais em loco, permitindo assim, a realização de projetos musicais de qualidade. Na prática, é possível que uma orquestra tenha a sua obra gravada sem a necessidade de deslocamento dos músicos para um estúdio. Ou ainda um Grupo de Câmera que precise gravar com um bom piano acústico numa sala de concerto.

A variedade ofertada pelos diversos fabricantes, torna necessário o conhecimento do produtor para adquirir os equipamentos certos para as suas produções. A indústria, por sua vez, trabalha sobre normativas e classificação dos produtos para facilitar o usuário em suas escolhas.

Baseado no conhecimento histórico do assunto tecnologia musical, podemos conduzir a formação e capacitação do produtor musical na etapa de gravação e mixagem digital, para experimentar os diversos equipamentos que estiverem à disposição. Os equipamentos de áudio digital, em grande parte apresentam características similares quanto aos recursos oferecidos, reservando aos seus usuários optarem ao que for conveniente.

Uma estratégia incentivada para os debutantes é que optem por equipamentos de baixo custo, que funcione com Software gratuitos e/ou acessíveis para teste durante o período de treinamento. Consequentemente, os produtores mais experientes saberão investir nos equipamentos mais eficientes.

VISÃO GERAL DO BÁSICO

SOM

Esta é a sensação auditiva gerada por uma onda acústica. É caracterizado pela sua frequência (seu tom expresso em Hz), sua intensidade (seu nível sonoro expresso em dB) e seu timbre (sua "personalidade" expressa objetiva e subjetivamente).

FONTE

Geralmente chamamos de fonte aquilo que perturba o ambiente acústico, aquilo que emite um som. No ambiente de áudio digital de uma DAW, a fonte está no início da cadeia, por exemplo, na entrada de uma interface de áudio, ou refere-se ao arquivo pré-gravado que está sendo processado.

Pressão sonora (nível de pressão sonora)

A pressão atmosférica é a pressão exercida pelas moléculas do ar em qualquer superfície em contato com esta atmosfera, em particular, o tímpano e a membrana de um microfone. Usamos o Pascal (Pa) para medir a variação dessa pressão. A pressão p é uma tensão aplicada à superfície de um corpo. Em repouso, as moléculas estão sujeitas à pressão atmosférica. Quando o ambiente é perturbado, o movimento das moléculas gera variações locais de pressão que constituem a pressão acústica.

Forma de onda

A representação gráfica de como uma onda sonora ou elétrica varia ao longo do tempo.

Na física, frequência é o número de vezes que um fenômeno periódico ocorre por unidade de medida de tempo. A oscilação, portanto, descreve a flutuação periódica em torno de uma posição de equilíbrio estável. Varia em amplitude e velocidade (número de períodos + e - por segundo).

Amplitude e potência acústica

A importância das compressões e expansões (rarefação) do ar causadas pelo movimento da fonte sonora corresponde à amplitude da onda e determina a intensidade percebida pelo ouvido. Refere-se ao nível do sinal da forma de onda. Pode indicar pressão sonora ou níveis de sinal elétrico. Sons altos têm amplitudes altas (grandes mudanças de pressão). Sons fracos têm pequenas amplitudes (pequenas mudanças na pressão).

Referimo-nos ao termo potência acústica para descrever a quantidade de som emitido. É expresso em watts. Quando você se afasta de uma fonte, a intensidade percebida da pressão sonora diminui, mas a fonte ainda emite com a mesma potência.

Intensidade acústica (Loudness)

A distinção entre intensidade e volume é importante na produção de áudio. Geralmente nos referimos ao termo intensidade para falar sobre a intensidade com que um som é percebido. Volume em "francês" refere-se mais ao "tamanho" percebido de uma fonte sonora. Exemplo: Diferença entre flautim e tuba na mesma intensidade. A intensidade acústica é a potência medida de uma fonte sonora.

Como a distância influencia a redução da intensidade acústica, esta é medida e expressa em watts por metro cúbico. Vários cálculos permitem traduzir o watt/metro cúbico em dB. Por outro lado, quando nos referimos a um valor em dB, duas fontes sonoras de 70 dB_{SPL} não se somam simplesmente para dar o equivalente a uma fonte de 140 dB_{SPL}. Isso resulta em uma ingestão de 73 dBSPL. Para dobrar a sensação sonora, é necessário chegar a 10dB, o que equivale a multiplicar a fonte por 10. Nesse sentido, aqui estão dois princípios muito úteis:

1. Duplicar uma fonte sonora aumenta o nível em 3 dB;

2. O nível de som diminuirá em 6 dB quando a distância entre o ponto de emissão e o ponto de audição for duplicada.

Lembre-se que este é um modelo teórico. Como o ouvido é objetivo e subjetivo, ele não possui a mesma sensibilidade para todas as frequências audíveis. Por exemplo, 40 dB em torno de 1kHz produz uma sensação mais forte do que 40dB em torno de 200Hz. Mas de forma geral, podemos dizer que o aumento do nível sonoro em dB é percebido da seguinte forma:

- 3dB (quase imperceptível)
- 5dB (diferença audível)
- 10dB (sensação duplicada)
- 15dB (grande diferença)
- 20dB (sensação quádrupla)

Frequência

A velocidade com que a fonte oscila determina a frequência da onda sonora gerada, que é expressa em hertz (Hz) ou ciclos por segundo. Uma forma de onda que se repete duas vezes por segundo tem uma frequência de 2Hz. A fonte sonora vibra para frente e para trás várias vezes por segundo. O número de ciclos completados em um segundo é chamado de frequência. Quanto mais rápido o alto-falante vibrar, maior será a frequência do som. A frequência é medida em hertz, o que significa ciclos por segundo (quilohertz, abreviado como kHz para frequências acima de 1000Hz). Dobrar a frequência aumenta o tom em uma oitava.

Limiares auditivos

O limiar de audibilidade para uma determinada frequência corresponde ao nível mais baixo que o ouvido é capaz de ouvir. É por volta dos 20 Hz que surge a sensação de altura. Antes, se for forte o suficiente (intensidade), será mais tátil e pulsante. A transição para a percepção de altura não é fixa e pode diferir de um indivíduo para outro. Falaremos de largura de banda para descrever a sensibilidade das sensações do ouvido humano de acordo com uma determinada região de frequência. De modo geral, a largura de banda do ouvido humano é de 20 Hz a 20 kHz.

A sensibilidade do ouvido não é igual em toda a sua largura de banda e a zona de frequência média entre 2.000 e 3.000 Hz é naturalmente favorecida. Por exemplo, um som puro de 50 Hz necessitará de 40 dB SPL para ser percebido, ou seja, uma pressão 100 vezes maior do que para um som puro de 1000 Hz. (VOYARD, Pierre. 2009)

O LIMIAR DA AUDIÇÃO DOS HUMANOS E ANIMAIS

Animal	Faixa	Oitavas
Atum	50Hz-1.1kHz	4,5 8va
Galinha	125Hz-2kHz	4,0
8va Peixe vermelho	20Hz-3kHz	7,2
8va Rã	100Hz-3kHz	4,9
8va		
Peixe gato	50Hz-4kHz	6,3 8va
Sapo	50Hz-4kHz	6,3 8va
Canário	250Hz-8kHz	5,0 8va
Calopsita	250Hz-8kHz	5,0 8va
Periquito	200Hz-8.5kHz	5,4 8va
Elefante	17Hz-10.5kHz	9,3 8va
Coruja	200Hz-12kHz	5,9 8va
HUMANO	31Hz-19kHz	9,3 8va
Chinchila	52Hz-33kHz	9,3 8va
Cavalo	55Hz-33.5kHz	9,3 8va
Vaca 8va	23Hz-35kHz	10,6
Guaxinim	100Hz-40kHz	8,6 8va
Ovelha	125Hz-42.5kHz	8,4 8va
Cachorro	64Hz-44kHz	9,4 8va
Furão	16Hz-44kHz	11,4
8va Porco espinho	250Hz-45kHz	7,5 8va
Porquinho da Índia	47Hz-49kHz	10,0
8va Coelho	96Hz-49kHz	9,0 8va
Leão Marinho	200Hz-50kHz	8,0 8va
Camundongo	56Hz-60kHz	10,1
8va Gambá	500Hz-64kHz	7,0 8va
Rato Branco	390Hz-72kHz	7,5 8va
Rato cinza	530Hz-75kHz	7,1 8va
Gato 8va	55Hz-77kHz	10,5
Ratinho	900Hz-79kHz	6,4 8va
Morcego marrom	10.3kHz-115kHz	3,5 8va
Baleia Beluga	1kHz-123kHz	6,9 8va
Golfinho 8va	150Hz-150kHz	10,0
Toninha 8va	75Hz-150kHz	11,0

Curvas isosônicas

Estas curvas ilustram o fato de que a sensibilidade do ouvido não é idêntica em todas as frequências. Assim representam a sensibilidade média do ouvido e indicam, para cada uma das frequências do espectro por ele audível, o nível de pressão sonora (SPL: Sound Pressure Level) necessário para a percepção da mesma intensidade. Exemplo: se recebermos um sinal de 1kHz transmitido a 60 dB_{SPL} e desejarmos combiná-lo na frequência de 40Hz, este último deverá ser transmitido a 80 dB_{SPL} para que a intensidade percebida das duas frequências seja igual.

Comprimento de onda

Quando uma onda sonora viaja pelo ar, a distância física de um pico (compressão) ao próximo é chamada de comprimento de onda. A distância percorrida pela onda sonora é medida em metros (ou pés) e refere-se a um único período. Por exemplo, no ar, o comprimento de onda é de 0,77 m em 440 Hz e 11,3 m em 30 Hz. Neste mesmo meio surgem vibrações periódicas, propagam-se a uma velocidade constante, mantêm as suas frequências, acabam por perder parte da sua amplitude.

Os sons graves têm comprimentos de onda mais longos (vários metros); sons agudos têm comprimentos de onda curtos (alguns centímetros ou menos). Comprimento de onda é a velocidade do som dividida pela frequência. Portanto, o comprimento de onda de uma onda de 1000 Hz é 0,344 m, 100 Hz é 3,44 m e 10 kHz é 3,45 cm.

Celeridade (velocidade do som)

Esta velocidade é influenciada pela densidade e temperatura do meio de propagação. De modo geral, a velocidade de propagação do som no ar a 20°C é de 340 m/s (metros por segundo). No contexto do reforço sonoro para concertos ao ar livre, a velocidade do som torna-se um grande problema, algo que não afeta as gravações em estúdio, que são ambientes visivelmente controlados e estáveis.

Decibéis (dB)

O deciBel (dB) é uma unidade que expressa a relação entre duas grandezas sonoras. dB é usado para comparar um nível de sinal com outro (como os níveis de entrada e saída de um amplificador ou filtro). Quando as duas amplitudes de sinal são iguais, o valor em decibéis é 0 dB.

Dependendo do que precisa ser definido, existem vários tipos de dB:

- dB_{SPL} (decibéis físicos) é uma medida da variação da pressão atmosférica exercida sobre o ambiente (ar). A maioria dos microfones também é adequada para medir essa quantidade.

- dBu (anteriormente dBv) é a unidade usada para quantificar a amplitude de um sinal elétrico. A unidade usada para expressar níveis relativos de tensão, potência ou pressão sonora. Dependendo do contexto, diferentes símbolos são usados, incluindo: dBv (0dB = 0,775 volts) e dBv (0dB = 1 volt).

- dBFS (Full Scale) é uma unidade de nível de sinal de áudio. Indica a relação entre o nível do sinal e o nível máximo possibilitado por um sistema (tecnologia informática por exemplo) sem gerar distorção.

- dB (A, B ou C) é a unidade de nível sonoro (referência estabelecida por norma industrial) para levar em conta a sensibilidade média do ouvido humano e suas particularidades. Como o ouvido humano não reage da mesma forma a diferentes faixas de frequência dependendo da intensidade sonora emitida, foram implementadas diferentes ponderações: dB(A) (níveis de 25 a 55 dB_{SPL}), dB(B) (níveis de 55 a 55 dB_{SPL}), dB(B) (níveis de 55 a 55 dB_{SPL}). 85 dB_{SPL}) e dB(C) (níveis acima de 85 dB dB_{SPL}).

Faixa Dinâmica

A faixa de amplitude, geralmente expressa em decibéis, é a extensão entre o sinal mais forte que o equipamento pode processar e o nível no qual pequenos sinais desaparecem no ruído de fundo.

TETO

Frequentemente nos referimos ao termo Headroom para nos referirmos a esse "Headroom" disponível em equipamentos de áudio necessário para aceitar sinais transientes de áudio altos e inesperados sem corte (recorte: perdas incorridas quando um sinal é muito poderoso para um sistema; supressão de 'uma parte do sinal que excede o limite máximo).

Harmônicos

O modelo físico mais amplamente utilizado para ilustrar a onda sonora é chamado de onda senoidal. É um som puro de uma única frequência. No entanto, a maioria dos sons musicais possui uma forma de onda complexa, que possui mais de um componente de frequência. A frequência mais baixa em uma onda complexa é chamada de frequência fundamental. Geralmente determina o tom do som. As frequências mais altas na onda complexa são chamadas de harmônicos ou parciais. Se os harmônicos forem múltiplos da frequência fundamental, eles serão chamados de harmônicos.

Os harmônicos e suas amplitudes determinam parcialmente a qualidade sonora (timbre) de um som e permitem que ele seja identificado. Instrumentos com poucos tons (por exemplo, flauta) tendem a soar puros e suaves e aqueles com muitos ou fortes tons (por exemplo, trompete) tendem a soar brilhantes e nervosos. Tocar um instrumento mais alto geralmente aumenta seus tons.

Envelope

O envelope de uma onda sonora é a variação no volume que ocorre ao longo da duração dessa onda. Cada instrumento musical possui um envelope diferente que geralmente se caracteriza pelas seguintes fases:

1. Ataque – o som atinge seu volume máximo após ser emitido.
2. Decadência — o som perde energia repentinamente após o ataque.
3. Sustentar — quando a fonte permite que o som seja sustentado.
4. Liberação – período durante o qual o som é desligado.

Os harmônicos mudam constantemente durante o envelope de uma nota. Por exemplo, se um instrumento tem um ataque percussivo, como uma batida de guitarra ou um bumbo, os harmônicos são mais fortes no ataque e depois tornam-se mais fracos ao longo da vida do som.

TIMBRE

O timbre de um instrumento corresponde às suas características específicas. A mesma nota tocada em dois instrumentos diferentes não gera o mesmo resultado sonoro. Cada som é composto por uma frequência fundamental e frequências harmônicas. Um som geralmente é caracterizado como rico e agradável quando contém muitos harmônicos. Por outro lado, um som pobre em harmônicos parece mais opaco ao ouvido. No extremo, um som que inclui apenas uma frequência é chamado de som puro (principalmente de sintetizadores). Os timbres "musicais" são construções harmônicas altamente complexas. A percepção da altura na emissão de um som envolve a superposição de um som denominado fundamental e harmônicos cujas frequências são múltiplas da frequência fundamental. (Hugonnet et Walder)

TRANSIENTE

Uma explosão curta e rápida de energia que não se repete. Comumente associado ao ataque de instrumentos de percussão. No entanto, toda música contém transientes. Na fala, os transientes estão associados a consoantes. Os transientes são geralmente de baixa energia e associados à faixa de frequência mais alta.

Existe, a partir do momento em que o som é emitido, uma fase onde a amplitude do som é maior. Esta fase tem vida muito curta e contém muitos componentes (harmônicos) que desaparecem rapidamente.

FASE (PHASE)

A fase de qualquer ponto da onda é o quanto ela progrediu em seu ciclo. A fase é medida em graus (sendo 360 graus um ciclo completo). O início de uma perturbação é 0 grau; o pico é de 90 graus (um quarto de ciclo) e o final é de 360 graus.

MUDANÇA DE FASE - DEFASAGE

Se duas ondas idênticas (ou semelhantes) viajam juntas, mas uma está atrasada em relação à outra, dizemos que há uma mudança de fase entre as duas ondas. A mudança de fase também é medida em graus.

Se você combinar duas ondas sonoras idênticas, como um som e seu reflexo em uma parede, os picos das duas ondas se somam em determinados pontos da sala. Isto duplica a pressão ou amplitude do som, criando áreas de som mais alto em determinadas frequências. A percepção deste som é obviamente diferente.

Quando há uma mudança de fase de 180 graus entre duas ondas idênticas, o pico de uma onda coincide com o vale de outra. Se essas duas ondas forem combinadas, elas se anulam. Este fenômeno é chamado de cancelamento de fase ou interferência.

TRANSDUÇÃO

A transformação de um tipo de energia em outro, por exemplo: o microfone converte a energia mecânica da membrana vibratória em energia elétrica, ou seja, uma variação de tensão.

TRANSPARÊNCIA

Um termo subjetivo que descreve:

- Qualidade de áudio de um sinal gravado (as altas frequências são nítidas).
- Processo de gravação/mixagem que valoriza o respeito pelo som da fonte natural.

O analógico consiste em reproduzir grandezas físicas diretamente proporcionais aos níveis de pressão sonora ou níveis de luz. Os circuitos analógicos usam uma tensão ou corrente em constante mudança para representar, entre outras coisas, o sinal de áudio. Aqui está o caminho típico de um sinal de áudio analógico:

1. Análise: O microfone converte a pressão acústica em sinal elétrico.
2. Transmissão: Possível através de canais de comunicação definidos de acordo com a utilização.
3. Síntese: Realizada pela conversão inversa do sinal elétrico em pressão acústica.

Digital

No áudio, os principais componentes do digital são a taxa de amostragem (relacionada à frequência) e a profundidade de bits (relacionada à amplitude). A tecnologia de áudio digital em seu nível mais básico é um meio de codificação de dados através do uso do sistema numérico binário. O computador codifica, registra em uma série de amostras o sinal contínuo que o microfone lhe transmite e traduz a informação na forma de códigos binários compostos por sequências de 1s e 0s.

Analógico

Quando um sinal analógico é amostrado, a taxa deve ser duas vezes maior que a frequência mais alta a ser amostrada, caso contrário o som amostrado perde sua naturalidade. Parciais enarmônicas podem, portanto, ser incluídas. Filtros anti-analógicos são usados para limitar a faixa de frequência do sinal analógico imediatamente antes de sua conversão A/D. Assim, a frequência máxima não ultrapassa metade da taxa de amostragem.

Interface de áudio

Um dispositivo de hardware que serve como ponte física entre o software da estação de trabalho do computador e o ambiente de gravação. Uma interface de áudio pode ser conectada ao computador (via USB, Thunderbolt, Fire-Wire, Dante, AVB ou outros protocolos de comunicação) para transmitir dados de áudio e MIDI de e para o computador. Este dispositivo fornece conversão AD (analógico para digital) e DA (digital para analógico).

MICROFONES

Características dos microfones

PRINCIPAIS TIPOS DE MICROFONES

- Microfone dinâmico: Varia entre as baixas e altas frequências. Ideal para grandes volumes de massa sonora.

- Micro fone condensador: Mais equilibrado nas diferentes frequências, compensado pelo (Phanton Power). É ideal para captar nuances sensíveis.

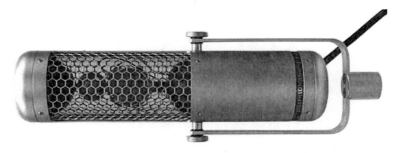

- Microfone de fita (Ribon): Ideal para captar o som em ambiente de acústica controlada, capturando o som de maneira natural e com altíssima qualidade. O som é muito suave e quente. O Phantom Power pode neutralizar os benefícios da captação e até mesmo danificar fisicamente o microfone. Em geral esses microfones são muito sensíveis e frágeis.

Phanton Power

É a energia de 48 Volts fornecida por dispositivo externo, através dos pinos 2 e 3 de uma conexão XLR em microfones condensadores.

- A Resposta de frequência é mais sensível e ampla em microfones condensadores. Pode ser usado ou não em microfones dinâmicos, porém não faz tanta diferença devido à grande linearidade entre 30 Hz-10kHz e a baixa sensibilidade à pressão sonora.

- A Sensibilidade está entre 2 e 10 mV/Pa ou um nível de sensibilidade de -54 e 40 dB

POSICIONAMENTO BÁSICO DE MICROFONES

Serges Samson

- Captação fechada: ideal para realizar a captação perto da fonte sonora e evitar sons indesejáveis.

- Captação de sotaque: Com esse tipo de captação é possível atenuar certas frequências e obter mais nuances nas características de timbre, utilizando diferentes padrões polares.

- Captação distante: Para captar o som geral em distanciamento considerável da fonte, assim como para captação de ambiência.

- Captação de ambiência: De fato é uma captação de ambiência controlada, somada a uma outra captação precisa em proximidade à fonte sonora. Esse tipo de captação dá um senso de espacialidade e profundidade.

Abaixo uma tabela com os conectores, características e protocolos de uso.

Audio (Analógico e Digital)	Tipos de conexões	Protocolos de transmissão/ especificações	Modelo
	XLR		
	RCA (*Radio Corporation of America*)		
	1/4"		

Audio (Analógico e Digital)	Tipos de conexões	Protocolos de transmissão/ especificações	Modelo
	1/8"		
	SPDF (Sony/ Philipsdigital interface) –	Cabo coaxial ou fibra ótica. Max: 48kHz / 24-bit, 2 canais.	
	AES/EBU (Audio Engineering Society / European Broadcasting Union) –	Cabo coaxial ou fibra ótica. Max: 48kHz / 24-bit, 2 canais. Menos Impedância que o SPDF.	
	Tos link		
	MADI	Cabo coaxial ou fibra ótica. Max: 192kHz / 24-bit, 64 canais variáveis de acordo com a resolução.	
Video	VGA PC		

Audio (Analógico e Digital)	Tipos de conexões	Protocolos de transmissão/ especificações	Modelo
	Mini-VGA Mac		
Multimídia	USB 2.0 – 480 Mbit/s		
	USB 3.0 – 5 Gbit/s		
	Firewire (IEEE 1394) – 800 Mbit/s		
	–10 Gbit/s		
	HDMI - *High-Definition Multimedia Interface*		
	Dados – *Ethernet* (Rj-45)		

DIRETIVIDADE E PADRÃO POLAR

Diretividade e radiação – Diz respeito ao que é ou não captado pelo microfone. Diagrama polar

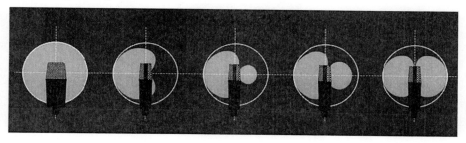

Omnidirecional – O padrão omni captura o som com igual intensidade em todas as direções. Consequentemente, dão pouca noção de espacialidade.

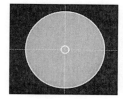

Bidirecional – captação frontal e traseira ajustadas com anulações a 90 graus fora do eixo.

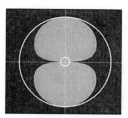

Cardioide – Captam uma ampla gama de sons na posição frontal, alguns sons nas laterais e uma quantidade bastante inferior na parte de trás.

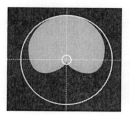

Hipercardióide – são extremamente direcionais e sensíveis ao posicionamento. Ideais para o efeito de proximidade.

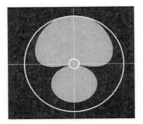

Supercardióide – é uma variação da forma cardióide com um ângulo de captação frontal mais restrito e uma pequena sensibilidade na parte traseira. Efeito de proximidade acentuado.

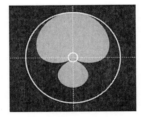

SOFTWARE DE GRAVAÇÃO

Papel da daw

Conversão e padronização

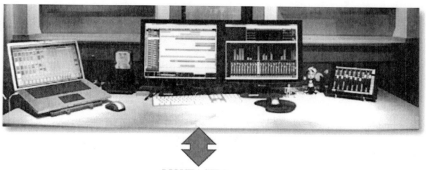

CAN	Codagem	Gravação	Decodagem	CNA	Saída
Conversor Analógico-Digital A tensão elétrica variável é transformada em uma série de amostragem. Cada amostragem é representada por um número binário. A Codagem determinará a resolução e a taxa d amostragem. `1 0 0 1 0 1 0 0`		Detecção e correção dos erros de Codagem	Conversor Digital-Analógico Os dados digitais são reconvertidos em um sinal analógico (tensão elétrica variável)		

Gravação mono
Planejamento de sessões e conexões
Criação de projeto e configuração de trilha
Visualização de níveis na entrada

GRAVAÇÃO ESTÉREO

TÉCNICAS DE GRAVAÇÃO ESTÉREO
COINCIDÊNCIA DE MICROFONES

Captação AB - Neste tipo de captação, mantem-se certa distância entre as duas capsulas. Podem ser utilizados microfones dinâmicos e condensadores. Geralmente no padrão Cardioide.

Esta técnica de casal A-B mais uma vez requer 2 microfones emparelhados separados de 40 cm a vários metros. Este tipo de par é frequentemente usado ao gravar grandes conjuntos orquestrais. Eles normalmente são colocados na mesmo altura do que os intérpretes, mesmo que colocá-los mais altos possa melhorar o lado "ambiente" (desde que seja uma boa peça). Se esta técnica fornece excelente profundidade e imagem estéreo, o centro do campo pode tender a ser menos nítido, mas a fase dos sinais, bem como o fenômeno da anterioridade são respeitados.

Ao usar este tipo de par, você pode usar: microfones omnidirecionais que geralmente oferecem muito boa resposta nos graves e têm a vantagem (graças ao seu lóbulo de diretividade) de destacar muito a acústica do local onde eles são usados.

Captação XY (Cardioide) - Evitar ZERO grau para não ter problema de fase ou anulação da onda sonora captada. A Vantagem do XY(Capsula uma sobre a outra, bem próximas) é que valoriza o centro do ensemble. Para essa captação utilizasse microfones gêmeos. O resultado é a valorização do timbre bem mais definido e o centro do ensemble, quando for o caso.

Uma pista auxiliar tem como objetivo salvaguardar a captação em diferentes momentos como forma de manipular os resultados. Por exemplo, inverter a fase e evitar o enfraquecimento do som da sua fonte sonora ou atenuar a ambiência.

A técnica XY requer um par de microfones cardioides que serão colocados o mais próximos possível um do outro, de modo que suas cápsulas formem um ângulo. O microfone esquerdo capta o sinal vindo da direita e vice-versa. Se 90 graus é o ângulo mais utilizado, a faixa de operação está aproximadamente entre 60 e 135 graus. Quanto maior o ângulo for, mais amplo será o campo estéreo percebido. Geralmente, a distância da fonte sonora combinada com a extensão estéreo desejada (a largura do palco, por exemplo) permite determinar o ângulo apropriado.

A vantagem desta configuração é que ela possui uma coincidência de fase muito boa e, portanto, uma compatibilidade mono muito boa. Se você aumenta a distância entre o par de microfones e a fonte, a separação estéreo diminui e mais reflexos vindos da sala serão captados. Em geral, a técnica XY, que utiliza cardioides, gera uma imagem estéreo precisa com reflexos acústicos mínimos, embora a separação não seja tão significativa como com outras técnicas de gravação estéreo.

Captação Blumlein - Mesma posição da XY, mas, com padrão bidirecional.

Captação MS (Mid-Side) – Cardioide (Figure8)

Captação 'Par espaçado'- ORTF (Cardioide), valoriza o espaço frontal. Tipo CORAL. Projetada pela antiga agência nacional de radiodifusão francesa, Office de Radio Télévision Française, a técnica ORTF visa imitar a localização das orelhas na cabeça de um adulto. Duas cápsulas cardioides são colocadas a uma distância de 17 cm uma da outra e formam um ângulo de 110 graus. Segundo documento da Schoeps, essa distância pode variar de

5 a 30 cm e o ângulo de 0 a 180°. Diretividade e sensores aliados à abertura do torque, acentuam a relação de intensidade entre os sensores e promove melhor localização.

A distância especificada para a técnica ORTF garante a coerência de fase dos comprimentos de onda abaixo de aproximadamente 500 Hz.

Mudanças de tempo ou inconsistências de fase acima desta frequência geralmente contribuem para dar uma impressão de separação estéreo associada à percepção de uma qualidade de som aberta ou arejada. A técnica ORTF também oferece compatibilidade monofônica suficiente. Para não causar uma "sensação" de buraco no centro, esta homogeneidade dos lóbulos de frequência é perfeita em pelo menos 60° em ambos os lados do eixo dos microfones usados. Em qualquer outro caso, devemos procurar qual o melhor ângulo de abertura do par em relação aos sensores utilizados para evitar esse famoso "buraco" no Centro.

Captação Baffled OMNI Pair - Simula a audição humana (Bi aural).

MIXAGEM

Conceitos Básicos

ABORDAGENS PARA GRAVAÇÃO E MIXAGEM: NATURAL VS. ARTIFICIAL

As abordagens natural e artificial são formas de abordar um projeto de gravação e mixagem. Num extremo do espectro, a abordagem natural visa capturar as fontes e o ambiente acústico original e restaurá-lo tão fielmente quanto possível (por exemplo, performance ao vivo). No outro extremo, a abordagem artificial envolve a criação de um ambiente de produção que vai além do que realmente acontece durante a gravação. A gravação do som e o processamento da mixagem são feitos de forma mais criativa e sem moderação (exemplo: criando uma voz robótica).

Rastrear roteamento

Um instrumento nem sempre está associado a apenas uma faixa. Dependendo de como é gravado (mono ou estéreo), pode consistir em uma ou mais faixas (mono ou estéreo). Os conectores estéreo geralmente incluem pares de trilhas mono que devem ser gerenciados simultaneamente (por exemplo: conector XY para overheads de bateria). Em seguida, redirecionamos o sinal dessas faixas para o DAW para poder manipulá-las como um todo. O mesmo princípio é usado se houver vários conectores mono no mesmo instrumento (por exemplo: três microfones diferentes em um amplificador).

MANDADA (Send), efeitos, barramento/auxiliar

Captações que precisam ser gerenciadas simultaneamente ou efeitos tais como reverberação, exigem a criação de faixas auxiliares para permitir o processamento paralelo de múltiplas fontes em massa. Quando uma pista auxiliar recebe um sinal (por exemplo, uma guitarra) através de um Bus, ela pode processar este sinal em paralelo antes de enviá-lo para a saída principal. Na pista de guitarra usaremos, portanto, a função Send para enviar o sinal desta fonte para a pista auxiliar.

Nomeação dos BUS (canais de redirecionamento para vias auxiliares) - Para se manter organizado numa sessão de gravação ou mixagem, é essencial identificar claramente, não só as faixas, mas também as faixas auxiliares. É, portanto, necessário atribuir-lhes um nome representativo da sua função (por exemplo: diferente das faixas de origem) o mais cedo possível para evitar perder de vista a rota do sinal num projeto. (IZHAKI, Roey. 2008)

Gerenciamento de nível

Ao mixar, o nível geral tende a aumentar com o tempo. Para evitar que isso se torne um problema:

- Fornecer uma margem de manobra dinâmica para enfrentar um projeto de mixagem (por exemplo: conformação de níveis);

- Favorecer o ajuste das pistas em relação àquela que deve ser mais forte e nunca tentar ultrapassá-la.

Controle panorâmico

O potenciômetro panorâmico gerencia a posição de uma fonte no eixo estéreo. Este volume, desde que exista, determina quanto som é enviado para cada um dos alto-falantes (esquerdo ou direito). Segue sempre uma regra "pan" que rege o funcionamento da atenuação. Isso pode ser modificado de um projeto para outro. Esta lei baseia-se no princípio de que um sinal é duas vezes mais forte se for enviado 100% para a esquerda e 100% para a direita. De modo geral, para que um som fique localizado no centro do eixo estereofônico (sem aumentar o nível em relação à fonte original, a DAW o envia 50% para a esquerda e 50% para a direita. Ao mover a fonte em direção a um ou no outro extremo, a regra escolhida (existem várias opções em DAWs) permite compensar em 3 dB (ou não) a perda de ganho.

Um bom gerenciamento do pan é muito útil na fase de mixagem:

- Ajuda a evitar o mascaramento entre fontes que possuem timbres semelhantes (por exemplo: prato e chimbal)
- Permite tornar a mixagem mais equilibrada

O conceito de ganho de unidade

A estrutura de ganho tem um enorme impacto na qualidade das gravações. Este é um dos aspectos que distingue as produções amadoras das produções profissionais. Nesse sentido, os níveis devem ser ajustados para que os sinais respeitem a faixa dinâmica de cada elo da cadeia de áudio, principalmente do dispositivo responsável pela gravação.

Ao rotear o sinal, passando o áudio por um conjunto de dispositivos (microfone, pré- amplificador, interface etc.), o ideal seria que os níveis (na entrada e na saída da cadeia) fossem os mesmos. A ideia por trás do conceito de Ganho Unitário é, portanto, garantir que, com ou sem dispositivos, haja um volt na entrada para um volt na saída. Obviamente, sem conhecimentos aprofundados nas áreas de produção de áudio, elétrica e TI, nem é preciso dizer que este ideal é bastante difícil de alcançar.

Basicamente, o nível (Ganho) deve ser ajustado alto o suficiente para que o sinal fique suficientemente acima do ruído de fundo da cadeia durante passagens silenciosas, enquanto permanece abaixo do ponto de corte durante as passagens mais ruidosas. Isso parece bastante simples até você considerar quantas vezes os níveis podem ser manipulados durante a cadeia. (Peter Dowsett)

Somente em consoles analógicos você pode ajustar o ganho: no pré-amplificador do microfone, na compressão, no potenciômetro da faixa de canal etc. Cada um destes elementos pode promover uma captura mais eficaz, mas também destruir a unidade dos níveis.

A estrutura de ganho refere-se ao processo de ajuste de níveis em toda a cadeia de gravação para obter ganho de unidade. É uma arte que visa gravar alto o suficiente para evitar níveis de ruído indesejados, mas mantendo uma margem confortável para evitar que o som fique distorcido (distorção ou clipping).

As necessidades de medição de sinal (Medição de Áudio) mudaram com os avanços tecnológicos. Nesse sentido, diversas escalas de medição comuns ainda são utilizadas na indústria de áudio. A transição do áudio analógico para o áudio digital foi particularmente difícil e confusa em termos de estabelecimento de equivalência destas muitas escalas. Os instrumentos de medição/plug-ins são muitas vezes incompatíveis entre si, pois se referem a:

- Modelos elementos variados da cadeia produtiva.

- Elos essencialmente diferentes (analógicos ou digitais).

A maioria dos produtores trabalha com sistemas híbridos (ou instrumentos de software cujos modelos remetem a tecnologias analógicas). É importante estabelecer um método para estruturar o ganho em todos os níveis da cadeia. Neste sentido, a leitura das especificações técnicas de cada dispositivo permite compreender melhor algumas questões, nomeadamente: a correspondência de níveis efetivos para vários sistemas, a correspondência de escalas para diferentes instrumentos de software e a correspondência de níveis para saídas analógicas de um dispositivo.

A conformação de fontes visa trazer todas as fontes sonoras de um projeto para um nível equilibrado, e isso, de acordo com um equilíbrio desejado entre os elementos (ex.: voz em primeiro plano) sem a necessidade de retocar o volume tão importante. Aqui buscamos a homogeneidade do volume percebido das diferentes fontes entre elas.

Sabemos que os softwares de processamento de áudio permitem melhorar a qualidade das tomadas digitalizadas, mas existe sempre o risco de perder algumas características essenciais do original.

Ao preparar um projeto de gravação para enviá-lo para mixagem, principalmente se for uma gravação multipista, é importante tentar ajustar os seguintes elementos:

- Homogeneização dos níveis

- Eliminação de lacunas técnicas, ou momentos contendo apenas elementos parasitas

- Redução do ruído respiratório e/ou atenuação de determinados ruídos de fundo (eliminação dos extremos do espectro)

Podemos nos referir ao termo "equalização de limpeza" para identificar esta abordagem de equalização que se concentra na eliminação de elementos indesejados de uma gravação. Esta etapa de equalização pode ser realizada durante a mixagem propriamente dita, porém, costuma-se "preparar" as diferentes tomadas neste sentido para a mixagem. A partir do momento em que os takes são "limpos", o produtor pode concentrar-se nos elementos essenciais do seu trabalho, nomeadamente trabalhar no timbre dos instrumentos e não corrigir defeitos.

Conformação x Normalização

A normalização de áudio é um processo de aumentar ou diminuir a amplitude de uma gravação de áudio em uma proporção constante, de modo que o nível de picos e o volume percebido atendam a um padrão (um nível alvo) que depende em particular do formato de distribuição (ex.: formato físico ou plataforma de distribuição online). Neste processo, e consoante esta etapa seja realizada de forma automática através de software ou profissionalmente por um especialista em Mastering em pós-produção, a dinâmica sonora da gravação fica mais ou menos preservada.

Conformidade com os níveis

- Estabelecer um método para monitorar os níveis de pista individuais de maneira otimizada

- Identificar a faixa de referência principal para modelagem de nível (geralmente a voz principal / -16 dB)

- Identificar uma seção onde um máximo de fontes são ouvidas simultaneamente (estabeleça a reprodução em loop)

- Balancear arquivos NA FONTE com Ganho, NÃO NOS MIXER FADERS! É importante conseguir um primeiro equilíbrio geral adequado sem recorrer aos potenciómetros de intensidade da console virtual (deve permanecer em 0).

DICA PRÁTICA NO REAPER: Clique duas vezes no áudio da trilha para ajustar o ganho na fonte.

- Limpando EQ.

- Insira um equalizador paramétrico em cada trilha.
- Ouça as faixas individuais.
- Ajuste os equalizadores para eliminar tudo o que não vem do instrumento em cada faixa.

Processamento durante gravação de som

Os principais objetivos do tratamento ao captar som

- Eliminar/atenuar ruídos indesejados. Exemplo: Utilizar um Low Cut (no microfone ou no pré-amplificador) para diminuir o efeito de proximidade.
- Corrija o desempenho do artista. Exemplo: Aplicar compressão (em um console analógico) para "estabilizar" a performance de um artista.
- Compensar um ambiente ou dispositivo problemático. Exemplo: Aplicar um filtro de equalização (em um console ou em o DAW) para eliminar ruído elétrico.
- Produza rapidamente uma escala viável. Exemplo: Aplicação de processamento (na DAW) a cada faixa para estabelecer rapidamente um equilíbrio ao vivo.

PROCESSAMENTO DE SOM E FEEDBACK

Sistema analógico x sistema digital

O processamento do áudio em um canal analógico é instantâneo. A partir daí, você pode conectar vários microfones a um console, aplicar processamento (equalização, compressão, reverberação) e devolver o som aos fones de ouvido do músico sem problemas: o som que ele emite e o som que retorna aos seus fones de ouvido serão sincronizados.

A partir do momento em que integramos um componente de computador na cadeia produtiva, vários pequenos atrasos se somam entre o momento em que o som é emitido e seu retorno aos fones de ouvido do músico, isso é latência. Geralmente ouvimos pouca ou nenhuma diferença se o atraso entre os dois (transmissão e retorno) for inferior a 10-12 ms. Dito isto, aqui estão alguns dados básicos que demonstram que usar um computador envolve necessariamente latência:

- Latência de entrada (conversão A/D) = 5ms
- Latência de software (uso de buffer DAW) = 10ms e acima
- Latência do plug-in (efeito de áudio) = muito variável de 10ms a 100-200ms
- Latência de saída (conversão D/A) = 5ms

Portanto, se levarmos em consideração que um atraso de cerca de vinte milissegundos impossibilita qualquer interpretação musical (o atraso é muito longo), nem é preciso dizer que a realimentação sonora num sistema exclusivamente digital não é possível, e isto, mesmo que o sistema informático seja poderoso.

EQUALIZAÇÃO

Noções básicas de equalização

EQUALIZADOR PARAMÉTRICO

Um equalizador paramétrico, às vezes chamado de filtro de pico, usa os três parâmetros que acabamos de ver para aumentar ou diminuir a faixa de frequência de um sinal. Geralmente dividido em várias bandas, a amplitude de cada banda pode ser controlada, a frequência central pode ser deslocada e a largura de banda pode ser ampliada ou estreitada.

Semi-paramétrico é um equalizador cujo ajuste de largura de banda não está disponível. Aqui estão os tipos mais comuns de filtros:

Filtros Bell (paramétricos e Semi-paramétrico)

Esses filtros são usados para processar uma banda específica do espectro. São utilizados ajustando três parâmetros: a frequência central, o ganho (atenuação ou amplificação) e sua largura de banda.

Filtros de passagem (corte)

Os filtros de passagem (ou corte) são usados principalmente para delimitar os limites inferiores e partes mais altas do espectro de uma fonte. Ajustamos dois parâmetros (a frequência de corte e a inclinação).
Existem dois tipos:

1. High Pass (Low Cut): Elimina frequências abaixo de sua frequência de corte.

2. Low Pass (High Cut): Elimina frequências acima de sua frequência de corte.

O filtro de entalhe

Este filtro é uma variação de um filtro bell. É usado para eliminar artefatos ou ressonâncias indesejadas. Nesse sentido, diferentemente de um filtro paramétrico, o filtro notch só pode atenuar, seu valor de atenuação é sempre muito grande (sem controle de ganho e sua largura de banda é sempre muito fina.

Cinco abordagens para equalização

1. Limpeza de EQ: Assim como a etapa de preparação da mixagem de mesmo nome consistia em remover seções indesejadas de diferentes faixas usando a edição, a limpeza de EQ consiste em remover partes inteiras do espectro contendo ruídos indesejados não pertencentes à fonte, afetando ao mesmo tempo o sinal saudável. O menos possível.

2. Diferenciação de fontes semelhantes: Uma das limitações do meio de gravação é que, por diversas razões, as fontes tendem a ser mais fundidas ou mais difíceis de distinguir claramente umas das outras do que na realidade. Em primeiro lugar, embora o formato estereofónico nos permita posicionar as fontes com relativa precisão no espaço entre os alto-falantes (e até um pouco mais amplo), estamos apenas na presença de duas fontes reais: os dois alto-falantes. O posicionamento criterioso das fontes fantasmas permite, em parte, separá-las e distingui-las melhor devido ao efeito coquetel (é mais fácil concentrar e distinguir duas fontes que não vêm do mesmo azimute, sendo o mascaramento entre as duas na verdade consideravelmente reduzido por esta diferença

de posição), mas permanece o fato de que é uma ilusão, todos os sinais na realidade vêm apenas de duas fontes reais (os alto-falantes). Consequentemente, o desmascaramento do efeito cocktail não é certamente tão eficaz na gravação estereofônica como quando as fontes estão realmente posicionadas num grande número de azimutes diferentes.

3. Definição de fontes: Sua nitidez, sua precisão, a quantidade de detalhes que podem ser percebidos. Esta aplicação da equalização consiste, portanto, em tornar as fontes mais claras, precisas e detalhadas. Esta é uma aplicação intimamente ligada à separação de fontes: quanto menos mascaramento houver, mais definido será o espaço ocupado por cada fonte na mixagem e mais será possível ouvir os detalhes internos de cada fonte entre eles. Além do mascaramento, a definição geralmente está associada a altas frequências para a maioria das fontes. A área exata do espectro irá variar dependendo dos formantes de uma fonte, mas como regra geral está em algum lugar entre 1,5 kHz e 10 kHz

4. Alcançar o equilíbrio no nível espectral: O sucesso de uma mixagem é em grande parte uma questão de equilíbrio. Por exemplo, numa planta panorâmica, este equilíbrio é obtido garantindo que todo o espaço disponível é aproveitado, sem dar mais peso a um ou outro dos dois lados. Em termos de espectro, o princípio geral é o mesmo: numa mixagem equilibrada, as fontes adicionadas cobrem todo o espectro audível de forma relativamente uniforme. A mixagem geral deve, portanto, ter uma curva de resposta aproximada à do ruído rosa modulado: em média, todas as frequências são representadas em volume aproximadamente equivalente (o nível percebido). Devemos, portanto, começar já a pensar em termos globais: preencher todo o espectro, sem sobrecarregar ou sub-representar nenhuma secção. Além de confiar nos seus ouvidos, uma boa dica é comparar a curva de resposta de frequência da sua mixagem com a de uma mixagem profissional do mesmo tipo. (SETHARES, William A. 2005)

5. Compensação por más condições de gravação: A má gravação de som geralmente amplifica os problemas técnicos que as aplicações mencionadas acima podem resolver: ruídos indesejados,

mascaramento, falta de precisão, equilíbrio espectral questionável. Portanto, é ainda mais importante trabalhar em cada uma dessas aplicações para compensar (tanto quanto possível) os problemas introduzidos.

Bandas (faixas) de frequência e suas características fundamentais

Subsônico (até 20 Hz): Poucos instrumentos são capazes de produzir conteúdo nesta faixa (por exemplo, órgãos de tubos). Esta praia é sentida e não ouvida. Embora usado em cinemas para explosões e trovões.

Baixo-Baixo (20 a 60 Hz): Esta faixa é mais sentida do que ouvida e está associada à potência e não ao tom. Bumbo e Baixo geralmente têm seu fundamento nesta faixa. Um piano também produz frequências nesta faixa.

Médio-grave (60 a 120Hz): Início da percepção do tom. Também associado à potência, principalmente ao baixo e ao Bumbo.

Baixo-Alto (120 a 250 Hz): A maioria dos instrumentos tem seus fundamentos nesta faixa. É nesta faixa que é possível modificar o tom natural dos instrumentos.

Médio-Baixo (250 a 2.000 Hz): Contém principalmente os parciais importantes. O corpo da maioria dos instrumentos. Cor e timbre também.

Médio-alto (2.000 a 6.000 Hz): Nossos ouvidos são muito sensíveis a esta faixa que contém estruturas harmônicas complexas ligadas ao volume, definição, presença e inteligibilidade.

Agudos (6.000 a 20.000 Hz): Contém pouca energia para a maioria dos instrumentos, mas uma faixa significativa associada ao brilho.

Efeito de proximidade

Sibilância De-esser De-essing é qualquer técnica destinada a reduzir ou eliminar a proeminência excessiva de consoantes sibilantes, como os sons normalmente representados em inglês por "s", "z", "ch", "j" e "sh", em gravações de a voz humana. A Sibilância encontra-se em frequências entre 2 e 10 kHz, dependendo da voz individual.

NOÇÕES BÁSICAS DE COMPRESSÃO

Os principais parâmetros

> Limite: Nível (em dB) a partir do qual o tratamento começa a ser aplicado. No caso de compactação, qualquer coisa acima do nível limite será compactada.

> Taxa (Ratio): Razão entre o nível de entrada (x) e o nível de saída (y): x:y. Expresso da seguinte forma: "a partir do nível limite, para cada x dB de variação do nível na entrada obtemos y dB de variação na saída". Por exemplo, com uma relação de compressor de 2:1, para cada 2 dB de variação no nível de entrada acima do limite, você obtém apenas 1 dB de variação na saída.

> Ataque: Define a velocidade máxima na qual a redução do nível do compressor aumentará à medida que o nível da fonte sobe acima do limite.

> Release: Define a velocidade máxima na qual a redução do nível do compressor diminuirá à medida que o nível da fonte diminui acima do limite.

> Ganho de compensação (Ganho de compensação ou Nível de saída): Permite compensar a perda de nível causada pelo processamento dinâmico. Esta compensação também pode ser feita automaticamente (auto make-up).

> Medidor de redução de ganho ou Nível de compressão: indica d e quantos dB o compressor diminui o nível a qualquer momento. Muito útil, principalmente quando você está começando, pois a compressão nem sempre é fácil de perceber de ouvido.

Duas abordagens para compressão

1. Controle de pico: O objetivo é controlar os poucos picos da fonte. Basta definir o limite logo acima do nível RMS geral. O limite deve, portanto, ser definido relativamente alto, para que entremos na zona de compressão apenas para tratar estes picos. Isto preserva a dinâmica original, o compressor raramente funciona. Algumas indicações (as variáveis serão a fonte):

   - Limite: alto, para pegar apenas os picos
   - Taxa (Ratio): relativamente alta, entre 4:1 a ∞:1
   - Redução de nível: geralmente não mais que 6-8 dB
   - Ataque: entre 0 a 30 ms
   - Liberação: entre 5 a 500 ms

2. Padronização total: O objetivo é controlar toda a margem dinâmica da fonte. Basta colocar o limite abaixo do seu nível RMS geral. O compressor está quase sempre em ação. Assim, a margem dinâmica da fonte é reduzida uniformemente. Algumas indicações (as variáveis serão a fonte):

   - Limite: muito baixo, abaixo dos níveis mais fracos da fonte
   - Taxa (Ratio): baixa, entre 1,1:1 a 2,5:1
   - Ataque e liberação: dependendo do dinamismo da fonte.

DICA PRÁTICA: Para quem estiver trabalhando pela primeira vez com o Compressor, após EQ, experimente os seguintes números para VOZ: Ratio 3:1; Release +- 80 ms; Ataque 15ms. Em seguida, trabalhe gradualmente com o Threshold.

Alguns termos importantes para já serem compreendidos e que não estão amplamente abordados neste material:

- Fase e polaridade

- Sinais em fase
- Sinais fora de fase
- Polaridades Correspondentes
- Polaridades reversas
- Faixas (Áudio, Aux, Master, MIDI, Instrumento)
- Faixas de mixagem (entrada, saída, inserção, envio)
- Solos
- Agrupamento de controle
- Agrupamento de áudio
- Envios e efeitos

ETAPA DE PLANEJAMENTO

É fundamental planejar bem a produção de áudio digital, principalmente se você atua tanto como criador quanto como produtor. As diferentes etapas abaixo devem ser úteis para qualquer tipo de projeto.

Atuar como diretor, mesmo em seu próprio projeto, requer uma grande variedade de conhecimentos. Um bom conhecimento de teoria musical é um trunfo importante para qualquer diretor/produtor. Isso facilita a comunicação com os músicos durante as gravações e a realização de recomendações sobre composição, arranjo ou instrumentação de forma mais concreta, propondo diferentes melodias ou acordes ao grupo.

O conhecimento geral dos instrumentos também é importante para um diretor. Conhecer o timbre dos instrumentos, seu alcance e outras características facilitará as escolhas e direcionamentos na hora de gravar e mixar.

Pré-produção - Esta parte envolve toda a preparação necessária antes da gravação propriamente dita:

- A escolha das músicas para gravar e suas estruturas;
- Ensaios, escolha de ritmo, instrumentação, overdubs;
- Disponibilidade de equipamentos e manutenção dos instrumentos.

Durante esta etapa, é crucial estabelecer firmemente alguns elementos, nomeadamente: o arranjo e a instrumentação. Essas escolhas acabam por levar à escolha dos equipamentos: microfones, direct boxes, pré-amplificadores, console, conversores etc. O caminho do sinal deve ser determinado antecipadamente para garantir a operação e disponibilidade adequadas antes da instalação.

Qualquer coisa que possa ser feita com antecedência ajuda a tornar a sessão de gravação tranquila e econômica.

Aqui estão alguns pontos importantes para esclarecer com o(s) artista(s) antes de iniciar a produção:

- Instrumentação
- Quantidade de material sonoro a ser produzido (ex.: um single, um álbum)
- Orçamento
- Tempo destinado a cada etapa (instalação, gravação, mixagem etc.).
- Propósito da gravação (estética geral, objetivos de distribuição, demonstração)
- Expectativas gerais do artista

Esta etapa é apropriada para:

- Ouvir gravações antigas do artista/banda
- Discutir a direção do projeto
- Visite o local de registro
- Conhecer (músicos, técnicos, diretores etc.)
- Familiarizar-se com o metrônomo (Click Track)
- Revisar as composições e arranjos (Partituras é condição "sine qua non")

Ao final desta etapa, um plano de produção deverá ser desenvolvido, contendo todas as informações relativas à produção e ao cronograma: as diferentes etapas e os dias em que estão planejadas, o pessoal necessário para essas etapas, qualquer material necessário ou a ser preparado e qualquer outra informação específica das músicas a serem salvas. Esta é uma oportunidade para dividir corretamente as etapas da produção e não esquecer de nada. Todos os participantes de um projeto devem ter uma cópia deste planejamento.

INSTALAÇÃO

É aí que entra o técnico. Ele faz questão de preparar concretamente a sessão de gravação de acordo com a necessidade do artista.

- Arranjo de microfone
- Instalação de sistemas de escuta
- Isolamento entre fontes
- Rastrear roteamento
- Afinação de bateria, piano etc.
- Preparação de um modelo na DAW
- Estabelecer uma boa estrutura de ganhos

O objetivo é ter tudo pronto quando o artista chegar.

CADASTRO

Quando um grupo inteiro precisa ser gravado, é recomendado gravar o "esqueleto" ou "base" da música antecipadamente. Geralmente integra da essência da peça, ou seja, andamento, ritmo e tonalidade. Podem ser instrumentos diferentes dependendo do projeto (por exemplo, guitarra e voz), mas muitas vezes o baixo e a bateria são gravados com um metrônomo. Várias estratégias podem ser implementadas aqui.

OVERDUBS

Estas faixas constituem tudo o que é gravado após as faixas básicas (o esqueleto mencionado anteriormente), sejam as faixas vocais principais, os solos, as duplicatas de determinadas faixas (por exemplo: guitarras rítmicas) ou os instrumentos adicionais na produção.

Mixagem preliminar ou áspera (Rough Mix)

A criação de uma primeira mixagem permite que os músicos e o artista ouçam rapidamente sua performance novamente durante e/ou fora das sessões de overdubs para ver o que precisa ser regravado ou modificado. Essa mixagem também permite que os músicos se familiarizem com a peça antes da sessão de gravação.

MIXAGEM

A mixagem consiste em ajustar as faixas gravadas umas em relação às outras para obter a melhor renderização estereofônica possível. Isto é conseguido principalmente por:

- Edição de faixas
- Equilíbrio dos níveis
- Equalização
- Compressão
- Adicionar efeitos
- Automação de diferentes parâmetros

Esta tarefa é muitas vezes realizada por técnicos especializados (além do gravador de som) e com experiência em mixagem. O processo pode ser transparente (restaurar o som natural do todo) ou mais criativo.

Masterização ou Estampagem - É a última etapa da produção e consiste em ajustar a renderização final da mixagem para distribuí-la adequadamente e respeitar os diversos padrões da indústria. Isto é conseguido em particular através do ajuste geral do nível sonoro, equilíbrio espectral e dinâmica. Esta etapa é útil, por exemplo, para ajustar o nível de som de diferentes músicas do mesmo álbum, a fim de padronizar a experiência auditiva. (Cousins, Mark et Russ Hepworth-Sawyer. 2013)

Durante toda a abordagem descrita nas etapas anteriores deste trabalho, apresentamos o vocabulário de base da Produção Musical em seus diversos contextos teóricos e práticos estandardizados. No entanto, apresentaremos uma abordagem prática, simulando a preparação da DAW (Digital Audio Workstation), tal como no período de realização da formação que resultou na anotação deste material. Não é intenção induzir os novos produtores a optarem pelo mesmo equipamento ora apresentado como modelo, nem mesmo tem o efeito mercantil que privilegie um fabricante em particular. Reafirmo o compromisso didático deste material.

A escolha por determinados equipamentos DAW (computador, placa de áudio, software de gravação, microfone, instrumentos musicais etc.), segue as diretrizes das escolas que oferecem nos laboratórios os equipamentos já instalados ou é de acordo com as possibilidades de cada individuo que queira participar da formação em Produção Musical. O compartilhamento de equipamentos é uma realidade bastante incentivada e que permite a experimentação de equipamentos de forma mais econômica até que seja tomada a decisão em adquirir os equipamentos em definitivo.

As configurações mínimas para a montagem da DAW, tem uma grande variação de valores financeiros em suas diversas formas de aquisição. Cabendo aos interessados a montar os seus Estúdios particulares, pesquisarem a melhor relação custo benefício.

Alguns software de tratamento de áudio são gratuitos e tem o seu melhor desempenho programado para as mais diversas configurações de equipamentos. Em geral, os Software mais performáticos tem um custo elevado. Revelando assim, uma preferencia para os Produtores que trabalham sob grande demanda no mercado e que lucrem com o conjunto de ferramentas profissionais disponibilizadas. Porém, existem no mercado, Softwares bastante performantes e com um custo benefício abordável para boa parte dos Produtores Musicais independentes.

Comentaremos especificamente sobre dois importantes Softwares:

AUDACITY – É totalmente gratuito e funciona de maneira bastante otimizada nos mais diversos computadores com as configurações básicas. É bastante intuitivo e as ferramentas de manipulação de áudio são bastante poderosas. O seu uso é de grande importância durante o período de formação em Produção Musical para que possam ser realizadas as principais tarefas. Existem relatos de Produtores Profissionais que utilizam esse software em todas as etapas de suas produções.

REAPER[1] – Não custa caro e pode ser testado durante um período de 90 dias sem o compromisso de compra definitiva após esse período. É por tanto, um fator que influencia a escolha pelo uso desse Software nos dias atuais. As ferramentas disponíveis são de alta precisão e a performance é bem adaptada para a maior parte dos computadores modernos. A maioria dos Softwares tem as suas versões disponibilizadas gratuitamente, tanto para serem baixadas, como acompanhando placas de áudio de diversos fabricantes. A parceria dos fabricantes de equipamentos com engenheiros de software, tornam esses produtos, mesmo em configurações de demonstração, bastante eficientes para produções musicais profissionais. As desvantagens, em grande parte estão relacionadas a restrição de manobras e ferramentas importantes para algumas das diversas etapas da produção musical. O alto custo para aquisição também é uma grande barreira para a maioria dos Iniciantes na Formação de Produção Musical.

Parte considerável da revisão de literatura deste trabalho, observou práticas e treinamento em Software e Hardware de diferentes fabricantes e desenvolvedores. No entanto, em nenhuma das vezes os autores privilegiaram determinadas marcas em detrimento de outras. Pelo contrário, ambos afirmam que os parâmetros técnicos praticados, são amplamente contemplados pela a grande maioria de equipamentos, de diferentes modelos e marcas. Tendo as suas escolhas direcionadas ao sentimento individual de cada produtor. Com as considerações acima, passaremos a trabalhar com o Software Reaper seguindo os passos iniciais a essa etapa da Formação.

INSTALAÇÃO

Baixe o software on-line e escolha a opção conveniente.
https://www.reaper.fm/

---

[1] "REAPER é uma marca registrada da *Cockos Incorporated*, usada com permissão."

INSTALAÇÃO E ABERTURA

Você deve seguir as etapas de instalação de acordo com seu sistema operacional ou aceitar o contrato do usuário, escolha a localização do software e a instalação será feita como qualquer outro Programa.

Ao abrir, o REAPER solicita que você adquira o software ou experimente-o por tempo limitado. Você sempre terá a oportunidade de experimentar o software continuamente.

CONFIGURAÇÕES BÁSICAS

Sincronize placa de som USB ou microfone com o software

- Vá para a ferramenta de preferências (no PC = Opções – Preferências);

INTRODUÇÃO À PRODUÇÃO MUSICAL

- Na aba áudio, escolha Dispositivo;
- Selecione sua interface de áudio USB ou microfone

Alterar e compreender as configurações básicas

- Escolha o tema Default_5.0:
  - A profundidade de bits de uma a gravação digital corresponde ao número de dígitos usados para armazenar cada amostra do sinal analógico.
  - A frequência de amostragem (taxa de amostragem) é expressa em Hertz (Hz) ou (kHz). Nós achamos comumente os seguintes valores: 44 100 Hz, 48 000 Hz, 96.000 Hz, 192.000 Hz.
  - O padrão CD e digital global é 44.100 Hz, o que significa que, para cada segundo há 44.100 (amostras) tocadas.
  - A memória buffer (Buffer Size) é uma área de RAM ou memória de disco usada para armazenar dados temporários, especialmente entre dois processos ou materiais que não funcionam ao mesmo ritmo.

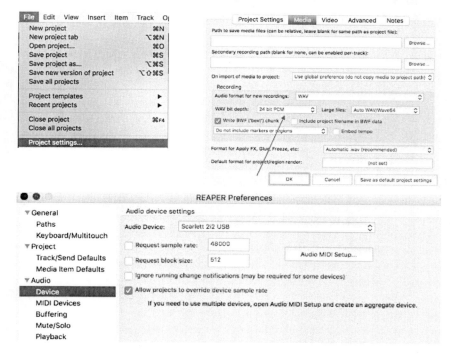

137

A configuração de 44.100 Hz será muito adequada às suas necessidades. Tenha cuidado ao importar arquivos de áudio de fora para garantir que esses arquivos estejam na mesma frequência de amostragem para não terem surpresas em termos de entonação.

Device: Esta é a caixa certa sobre frequência de amostragem. Uma memória buffer baixa limitará a latência durante a gravação, mas exigirá mais esforço do computador. Então mantenhamos o mais baixo possível quando gravarmos e mais alto quando fizermos a mixagem para liberar memória de trabalho. Se você ultrapassar qualquer um dos lados, você terá problemas e você ouvirá artefatos de áudio muito óbvios (sons indesejáveis). Você precisará reajustar.

Interface de software e uso de diferentes ferramentas

Ao abrir podemos observar diferentes menus.

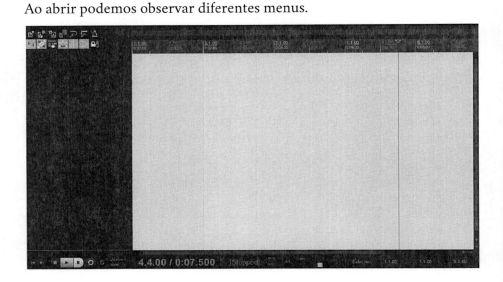

MENU DE BASE:

Novo projeto	Abrir um projeto	Gravar	Configurações	Desfazer	Refazer	Metrônomo
Cross-Fade automático	Agrupamento de Itens	Editando Ondas	Mover envelopes	Linhas de grade	Habilitar	Bloquear

ÁREA DA TRILHA DE ÁUDIO:

No menu básico você pode criar trilhas simplesmente clicando duas vezes na área, pressionando o atalho (Ctrl (cmd) + T) ou acessando a aba Track:

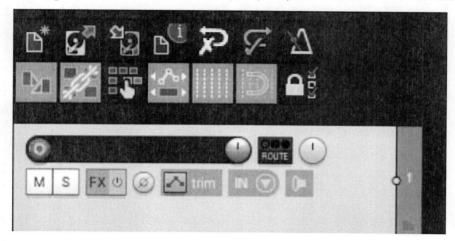

Zona de transporte "Playback"

ZONA DE TRABALHO:

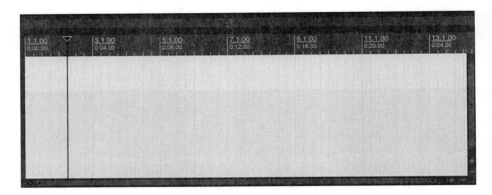

Mixer - Podemos usar esta ferramenta para modificar níveis, adicionar efeitos, configurar etc. Ainda existem muitos menus que podemos exibir.

Crie uma faixa e atribua-a ao canal correto

- Atribuir na trilha, a Entrada (Input) 1. Este será o canal correto se seu microfone está conectado à primeira entrada da sua placa de áudio. Se você tem um segundo instrumento conectado à segunda entrada do seu cartão, você pode criar uma nova trilha e certifique-se de que a trilha esteja realmente atribuída à Entrada (Input) 2.

- No PC, para ver a opção de trilha aparecer, a trilha deverá estar armada.

- • Em estéreo: Se você conectar dois microfones para o mesmo instrumento e quiser gravar tudo em uma trilha, você pode criar uma trilha estéreo que incluirá ambas entradas da sua placa de som. Você encontrará a opção no mesmo menu suspenso.

- Antes de gravar, você deve armar a pista pressionando o botão vermelho com o pequeno círculo branco: . Este botão permite informar ao software que é justamente esta trilha que deve ser gravada e não outras. Você pode armar várias trilhas ao mesmo tempo paragravar vários instrumentos.

Você pode ouvir o som através dos alto-falantes simplesmente pressionando o botão Monitoramento na trilha. Você também pode gerenciar volume, panorama, adicionar efeitos, solo ou mudo.

"Roteamento" do sinal de áudio

Roteamento de áudio significa o caminho pelo qual o sinal de áudio passará. Temos a opção "Rota" ativada a trilha que permite escolher este caminho:

Master send significa que o sinal é enviado para a trilha master que será a saída final. Se sua trilha não for enviada para esse local, você poderá não ouvi-la. Você tem algumas informações sobre a faixa que pode modificar, ou seja, o volume, a entrada atribuída e o panorama. Você pode criar sinais de envio e recebimento. Será suficiente determinar em qual faixa queremos enviar nosso sinal ou de qual faixa a queremos receber. Praticamente falando, poderíamos enviar algumas de nossas faixas para uma faixa onde só haveria efeitos de reverberação. Em vez de criar reverbs em cada uma das nossas faixas, o software poderia gerenciar apenas uma trilha para esse fim, permitindo melhor rotação do processador.

REORGANIZAÇÃO DE TRILHAS

Alterar título da faixa

Você pode atribuir um título à sua faixa clicando na área à direita do botão vermelho para armar a pista.

Alterar cor da trilha

Quando você tem várias faixas, isso pode se tornar interessante atribuir-lhes uma cor para localizar com mais facilidade. Para fazer isso, basta clicar com o botão direito do mouse no faixa e vá para a guia Cor da faixa. Algumas opções de cor estarão disponíveis.

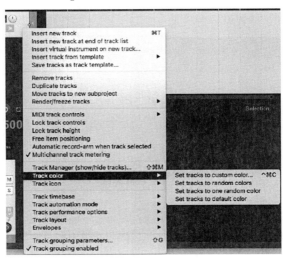

INTRODUÇÃO À PRODUÇÃO MUSICAL

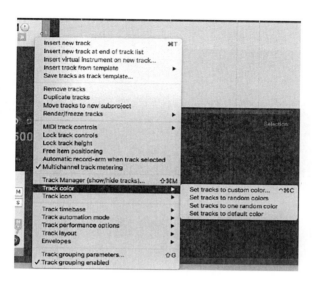

Crie grupos de trilhas e pastas

Você pode criar grupos de trilhas para organizar melhor o espaço de trabalho. Por exemplo, se você tem uma bateria, duas guitarras e um baixo, você pode querer criar uma trilha para cada microfone de bateria. Uma maneira é arrastar a trilha para baixo daquela que será a trilha pai, e a outra é, pressionar a pequena pasta no final da faixa, o que criará instantaneamente um grupo com as seguintes faixas.

INSCRIÇÃO

Colocando ou removendo o metrônomo

Para iniciar um metrônomo, basta tocar no símbolo do metrônomo nos ícones principal. Você pode configurar o metrônomo clicando com o botão direito neste mesmo ícone. Você pode então adicionar medidas onde o tempo será batido antes de iniciar a gravação (contagem antes da gravação), o nível de som, padrão (por exemplo, alto, baixo, baixo, baixo) etc.

143

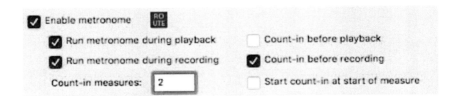

Se quiser ajustar a velocidade, você encontrará a opção na barra de transporte, bem próximo aos botões, reproduzir, pausar, parar. Observe que é importante ajustar a velocidade no início do projeto para evitar certas complicações.

Prepare a trilha para gravação (Monitoramento)

Para ouvir o som da faixa que está prestes a tocar/gravar, você deve ativar o pequeno ícone de alto-falante na trilha. . Antes de gravar, você precisa ter certeza de que o nível está bom. Observe se o medidor da pista sobe alto o suficiente sem ficar vermelho. Recomenda-se tocar o mais forte possível ao ajustar, para garantir que a faixa não seja muito forte e cause ruídos desagradáveis (distorções e Clip) em sua gravação. É importante ajustar o volume diretamente na placa de som ou interface de áudio, e não no software, para tirar o máximo proveito da qualidade de som.

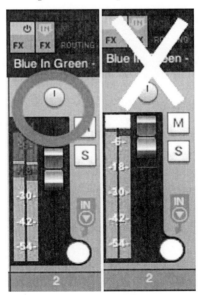

Comece a gravar

Assim que o som estiver devidamente ajustado, você pode começar a gravar pressionando

CTRL + R ou CMD +R ou pressionando o botão vermelho na barra de transporte. 🔴 . Observe que apenas as faixas acionadas serão registrados.

Retomar uma tomada no meio

Se você perdeu algum trecho, mas não quer repetir tudo, é possível começar de novo apenas a passagem perdida ou mesmo retomar desse erro.

1. Coloque a barra de localização onde deseja retomar:

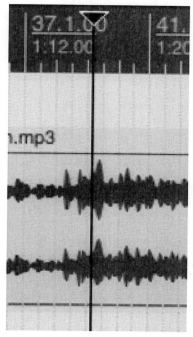

2. Comece a gravar e reproduza a passagem. A primeira versão e a segunda se sobreporão e você poderá então selecione o que você preferir. Veremos mais tarde como editar a pista para torná-la um final mais oficial. Ao pressionar o botão direito onde as faixas se sobrepõem, você poderá gerenciar certas configurações. É aqui que você pode excluir o registros que você não deseja manter.

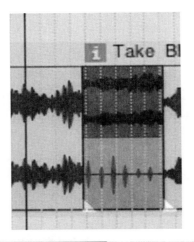

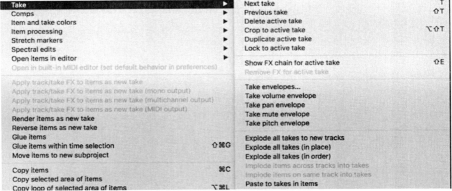

Grave várias faixas simultaneamente

Ao armar múltiplas trilhas, elas gravarão simultaneamente. Isto pode ser interessante quando você captura seu instrumento com vários microfones ou em uma gravação em grupo.

EDIÇÃO E CORREÇÃO

Normalizar

Ao concluir a gravação, você poderá perceber que o volume não está não ajustado ao máximo possível. Você poderia aumentar o volume do medidor no software, mas existe uma função que permite aumentar o volume até o limite máximo antes de cortar.

- Clique duas vezes na trilha a ser normalizada;
- Na janela que aparece, toque em Normalizar;
- Pressione "Aplicar" na parte inferior da janela.

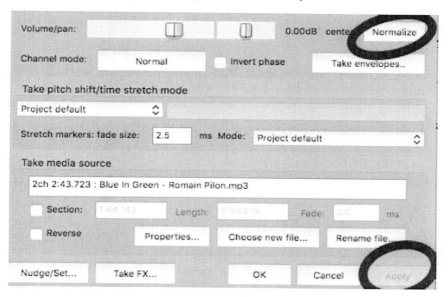

Ferramentas de esmaecimento

Você pode criar fades movendo o cursor para a borda de uma peça, para a parte superior desta trilha. Você verá então o ícone de fade aparecer. Ao clicar e deslizando você criará esse fade.

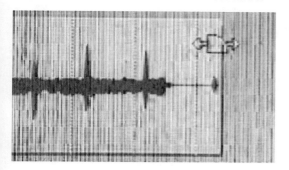
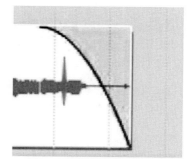

Com um clique direito neste fade, você pode escolher diferentes tipos:

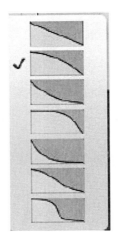

Se você deseja criar um cross-fade você pode ativar a função *auto-crossfade* nos ícones no canto superior esquerdo do software. Portanto, você não terá que sobrepor suas trilhas para criar este tipo desaparecer.

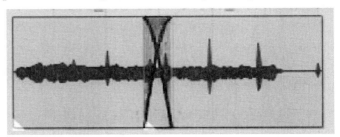

Mova uma trilha e altere a hora de início e de término

Para mover uma faixa, basta pressioná-la e continuando clicando e deslizando. Assim como a ferramenta fade, se você vai até a borda da pista, desta vez na parte inferior, você pode modificar o conteúdo da faixa:

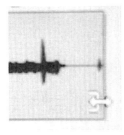
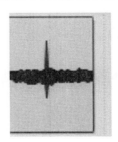

Dividir uma faixa

Existe um atalho rápido para dividir uma faixa. Esta é a tecla "s" do teclado. Você tem que coloque o seletor de posição onde deseja dividir e pressione este botão.

Copie, recorte e cole uma passagem

Essas funções são as mesmas do seu software de processamento de texto favorito. Para copiar uma faixa, você o seleciona e pressiona CTRL(CMD) + C, para colá-lo CTRL(CMD) + V e para cortar, CTRL(CMD) +X ou simplesmente a barra de apagamento.

Alterar a velocidade de uma trilha de áudio (alt + arrastar)

Para modificar a velocidade de uma trilha você pode modificar a Taxa na barra de transporte:

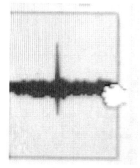

ou vá até a borda da trilha, pressione ALT e estique ou encurte a trilha.

Crie um ciclo

Você pode criar um loop, por exemplo, para trabalhar no som de uma determinada passagem na fase de mixagem. Para fazer isso, você deve criar uma zona de loop clicando na barra de progresso do projeto e arraste o mouse para a parte desejada tem em loop. Uma área pálida aparecerá.

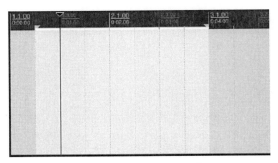

Pressionar o botão que ativa o loop no menu de escuta.

BALANCEAMENTO E MIXAGEM

Usando o mixer para ajustar níveis e panorama

Quando seu projeto for salvo, você poderá ajustar os níveis e querer colocar o som de alguns instrumentos mais à esquerda ou à direita no panorama do seu sistema estéreo.

Pressione CTRL (CMD) + M para exibir o mixer. Seus leads aparecerão na parte inferior da tela com opções para ajustar o volume e panorama.

Ajuste de fase

Se você gravou com vários microfones, você poderá ter problemas de fase. Se você pegar uma onda sonora e sobrepô-la a uma duplicação daquela mesma onda, o sinal será duplicado e então percebido mais forte. No entanto, se você mudar a faixa exatamente no momento em que a onda inverte, o som será completamente cancelado. Como resultado, ao gravar com dois microfones, é bem possível que certas frequências sejam ouvidas através de seus microfones em momentos diferentes, aumentando assim certas frequências e diminuindo outras. Você pode evitar isso invertendo a fase de uma das faixas e prestando atenção se o conteúdo da frequência é mais rico. Observe que o fenômeno só ocorre quando as faixas são simultâneas. Se você decidir colocar uma faixa 100% a esquerda em um alto-falante e o outro 100% a direita, você não terá esse tipo de problema. Você encontra a opção de, inverta a fase na pista do REAPER:

Ajustando a equalização

EQ é um fator crucial na mixagem. Como os microfones captam uma grande quantidade de registros de frequências e isso não é tudo que você deseja, crie um equalizador pressionando o botão FX na trilha (este é o mesmo lugar onde você adicionará todos os efeitos de processamento de áudio):

Duas janelas aparecerão, permitindo que você adicione o efeito em questão. Clique em Todos os *Plugins e filtre: ReaEQ*

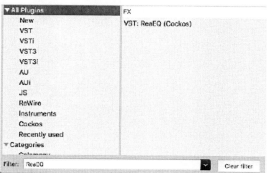

Com esta ferramenta você poderá gerenciar a equalização de diferentes faixas de frequência do instrumento gravado.

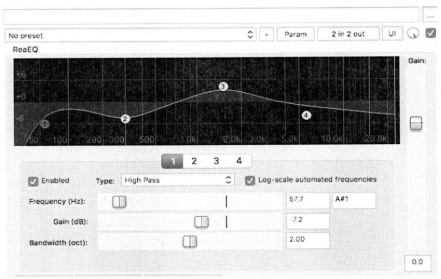

Gestão de Bus e vias auxiliares

Quando você tem um projeto com vários instrumentos, pode ser complicado para o software ter que gerenciar efeitos para cada faixa individualmente. É por isso que você pode criar trilhas de efeitos e direcionar o sinal de suas gravações para essas trilhas antes de redirecioná-las para a trilha master.

Isso é o que chamamos de faixas auxiliares. Para uma faixa de reverberação:

- Crie uma nova faixa e nomeie-a: Reverb;

- Adicione um efeito de reverberação a esta faixa;

- Na trilha de instrumento gravada anteriormente, selecione o botão Route.

Na seção "Adicionar um novo envio", escolha a faixa auxiliar que você acabou de criar.

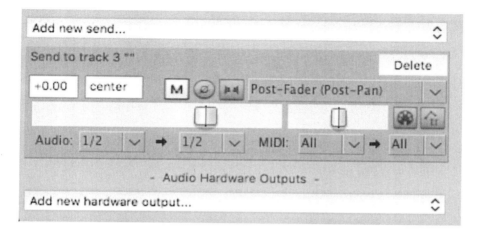

- Você pode atribuir todos os instrumentos a esta mesma trilha auxiliar se quiser colocar reverberação. Você pode adicionar todos os tipos de efeitos a essas faixas que irão processar apenas as faixas que vão até lá.

PISTA CONGELADA (FREEZE TRACK)

Outra boa maneira de ajudar seu sistema com a velocidade de processamento é congelar uma faixa. Se você tiver efeitos em suas faixas, cada vez que você as ouvir, o software trabalhará para renderizar esses efeitos. Se estiver satisfeito com o resultado, você pode congelar sua trilha com esses efeitos, que serão pré-renderizados e permitirá que o software pare de calcular e interpretar os parâmetros dos efeitos ajustados em tempo real. Você pode congelar uma trilha no menu Trilha para renderizar/congelar trilhas. Você pode voltar ao mesmo menu a qualquer momento.

Adicionando compressão

Da mesma forma que para a equalização, você pode adicionar compressão a uma trilha para sutilezas mais inteligíveis. A compressão tornará mais fácil ouvir os sons da digitação dos instrumentos e suas sutilezas, uma vez devidamente ajustados. Mais detalhes sobre como resolver uma compressão, leia em Compressão (pág. 113). No software é chamado ReaComp, mas você pode baixar outros online, como qualquer outro efeito que desejar usar.

Adicionando efeitos

Da mesma forma que acontece com EQ e compressão, você pode adicionar reverbs, delays, phaser, chorus, flanger etc. Então você pode explorar com essas diferentes opções.

- Delay
- Dynamics
- EQ
- External
- Gate
- MIDI
- Pitch Correction
- Restoration
- Reverb
- Sampler
- Surround
- Synth
- Tools

EXPORTAÇÃO DO PROJETO

Operação de exportação

Depois que sua música estiver editada, corrigida e bem balanceada, você poderá exportá-la para diferentes formatos. Se você deseja um arquivo leve e de transferência rápida, você pode exportar como (.mp3), mas esteja ciente de que você "perderá" qualidade. É por isso que recomendo exportar em (.Wav), um formato mais eficiente, interessante e universal. Vá para a guia Arquivo para renderizar: Você pode escolher se deseja exportar o projeto por completo ou simplesmente uma seção específica, atribua um título ao arquivo, escolha onde ele ficará salvo e determine o formato do arquivo.

Edite um vídeo e exporte-o

Você pode importar diretamente um vídeo para o REAPER e fazer as modificações que você deseja em termos de estrutura. Basta deslizar o arquivo no software, que criará uma nova trilha de áudio. Para visualizar o vídeo, vá para a guia Visualizar em Vídeo:

Você pode mover e encurtar a duração da sua trilha da mesma forma que faria com uma trilha de áudio.

Uma prática interessante poderia ser gravar seu vídeo em sua Câmera ao mesmo tempo que o áudio no REAPER, importe a trilha de vídeo no software, sincronize as faixas e silencie completamente o som da sua faixa de vídeo e exporte o arquivo no formato MPEG-MOV.

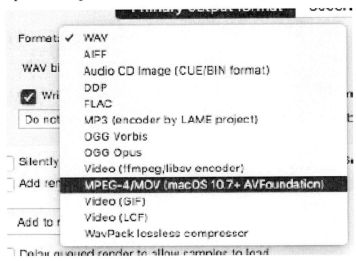

ALGUNS ATALHOS ÚTEIS

Aprender diferentes atalhos de teclado pode se tornar um recurso interessante em termos de produtividade. Se você perceber que realiza certas manipulações com frequência, ganhará muito tempo tendo essas funções ao seu alcance. Você pode consultar estes documentos para memorizar os vários atalhos que serão úteis para você durante suas sessões:

No MAC: http://user.cockos.com/~glazfolk/ReaperKeyboardShortcutsOSX.pdf

No PC: https://user.cockos.com/~glazfolk/ReaperKeyboardShortcuts.pdf

PARTE 4

A quarta e última parte deste trabalho, destina-se aos comentários sobre o processo de publicação e divulgação do produto musical em suas mídias modernas mais usuais. A experiência aqui relatada leva em consideração um contexto cultural preciso, mas, que com o devido senso crítico, pode servir para outros contextos de maneira bastante eficaz.

Tradicionalmente a indústria da produção musical, esteve diretamente ligada às tecnologias do domínio das grandes corporações (gravadoras) e sobre um custo financeiro bastante elevado, limitando o acesso dos pequenos produtores e eliminando quase que totalmente as ações de produção individual.

Em contrapartida ao acima exposto, os produtores modernos tem a possibilidade de protagonizar todas as etapas necessárias para uma produção musical com boa qualidade técnica e que favoreça a vulgarização dos produtos finalizados.

Após a etapa de finalização do produto musical, devidamente 'renderizado' nos diversos formatos e pronto para a publicação nas plataformas digitais, Produção de CDs físicos, Disco de Vinil etc., o produtor musical precisa realizar as etapas seguintes:

1. Credenciar-se em agência de registro fonográfico, como autor ou produtor musical. Podendo ser de abrangência nacional ou internacional	Com essa credencial, o produtor poderá gerar o Código ISRC, garantindo o registro do fonograma de acordo com as normas internacionais
2. Associar-se a entidade procuradora de direitos autorais, principalmente nos casos de produções que envolvam obras de autoria de terceiros e que necessitem as prévias autorizações para utilização das obras.	Através dessas entidades, o associado poderá dentre outras, requerer autorização para usar a obra pertencente a terceiros, permitindo a reclamação dos direitos do autor.

3. Gravadoras, Agregadoras e Distribuidoras.	Tem como objetivo colocar no mercado os produtos finais, sejam eles em forma de mídias físicas (Vinil, CD, DVD etc.) ou plataformas digitais: • *Streaming* de música tais como Spotify, Deezer, YouTube, YouTube music, Tidal e Napster; • *Streaming* de música e de vídeo tal como YouTube; • Baixadores de música tal como iTunes e Amazon Music; • Distribuição individual como o Bandcamp; • Outros Nichos particulares tal como Medici.TV.

Os formatos de distribuição comumente utilizados, seguem exigências técnicas para determinados arquivos musicais.

Para o formato WAV (PCM: Pulse Code Modulation).

- Exemplo para áudio: Frequência de amostragem 44,1KHz, 16 bits (2 octetos de 8 bits cada um – binário/estéreo);

- Exemplo para Vídeo: Frequência de amostragem 48KHz, 16 bits.

O domínio técnico é condição sine qua non para a produção musical, podendo agregar qualidade e favorecer o sucesso do produto a ser vulgarizado:

- Intensidade sonora dB. Cada plataforma digital ou mídia, tem a sua melhor performance com determinadas regulagens;

- Sonia (Equalização de volume). É particular em cada individuo, mas, pode seguir tendências comuns a grandes grupos de pessoas. Em especial, cada estilo de musica, geralmente forma um gosto comum aos ouvintes;

- Margem dinâmica – Em geral uma Orquestra tem uma margem de 60dB, enquanto uma banda de metal rock tem uma margem entre 2-3dB. Cada estilo tem a Margem que melhor evidencia a sua escuta;

- As Plataformas digitais fornecem os valores para a melhor performance (LUFS, Clip etc.);

O ISRC (Internacional Standard Recording Code), é composto de 12 caracteres: CB-DGS-23-00001

CB	DGS	23	00001
Código do País	Código do Primeiro Proprietário	Ano do Registro	Fila classificatória (ordem do registro)

Para a obtenção de licença para gerar o ISRC, os produtores podem recorrer à Associações que coordenam essas permissões.

No Brasil, uma das instituições é a ABRAMUS (www.abramus.org.br).

Para os demais países em diferentes continentes, consultar o site (https://isrc.ifpi.org)

Nos sites dessas instituições, constam informações importantes, com descrição precisa de documentação e etapas de realização para os produtores.

Para a vulgarização dos produtos musicais, as principais formas são as seguintes:

- Gravadoras – Geram as mídias físicas (Vinil e CD), replicam e distribuem para os colaboradores corporativos ou independentes. Em geral atendem a demandas predefinidas tais como quantidade de cópias, encartes e distribuição através de parceiros, catálogos, selos ou independentes. Nos dias atuais, apresenta uma vantagem para os produtores independentes que almejam controlar os valores referentes a vendas por unidade.

- Distribuidoras – Em geral trabalham sob contrato exclusivo de concessão para a distribuição (20-30%). Pode ser acionada pela Gravadora ou pelo Produtor. É vantajoso para o contratante na questão da logística e expertise. Porém, inconveniente no controle dos valores financeiros, sobre tudo relacionados a má divulgação.

- Agregadoras – É a maneira moderna e ecológica de relacionar-se com o distribuidor do produto no meio digital, com menor custo e rápida distribuição.

Para embutir o código ISRC num fonograma, é preciso utilizar Software que permita essa manobra. Algumas opções são os próprios software utilizados para a mixagem como o ProTools, Logic PRO, ou outros específicos somente para essa finalidade tal como o MP3TAG. É importante consultar sobre a possibilidade de realizar essa manobra. Existe ainda a possibilidade de contratar empresas que realizem essa etapa de suma importância para a proteção da autoria do fonograma, sendo que, uma vez feito esse registro, não é mais possível registrar o mesmo fonograma com um novo código.

Para encarte de CD e Disco Vinil, a possibilidade de encartes é maior e depende da criatividade de cada produtor, dando real possibilidade de expressão de outros criadores tal como ilustradores, fotografos, designer e artistas plásticos.

Encarte digital – Para a arte de apresentação digital os formatos e dimensões usuais são arquivos PNP, JPEG e outros dependendo da plataforma (1:1). 1500x1500px ou mais. Arquivos de no máximo 4 Mo. Resolução gráfica de 72PPI ou mais (digital) ou 300DPI ou mais (impressão). Cores (24-bits/pixel).

BIBLIOGRAFIA

ATIENZA, Ricardo et BALEZ, Suzel (2009). Acoustique des salles. École nationale supérieure d›architecture de Grenoble.

BARLETT, Bruce, BARLETT, Jenny (2008). Practical recording techniques. The Step- By-Step Approach to Profissional Audio Recording. 5th Edition. Focal Press.

CHILDS, G.W. (2011). Your Free Open Source Music Studio.

COREY, Jason (2010). Audio Production and Critical Listening: Technical Ear Training. Focal Press.

COUSINS, Mark, SAWYER, Russ Hepworth (2013). Practical Mastering: A Guide to Mastering in the Modern Studio.

DE LA SOUCHÈRE, Marie-Christine (2014). Les sons en 150 questions. Paris: Ellipses.

FELLOT, Dominique (2007). Précis d'électro-acoustique: Prise de son et reproduction. EDP sciences.

FISCHETTI, Antonio (2003). Initiation à l'acoustique: Cours et exercices, 2e édition. Belin.

GUILLAUME, Philippe (2005). Musique et acoustique: De l'instrument à l'ordinateur. Lavoisier.

HOWARD, David M., ANGUS, Jamie A. S. (2009). Acoustics and Psychoacoustics, 4e édition. Focal Press.

HUBER, David Miles, RUNSTEIN, Robert E. (2010). Modern Recording Techniques, 7th Edition. Focal Press.

IZHAKI, Roey (2008). Mixing Audio: Concepts, Practices and Tools. Focal Press.

MENASCHÉ, Emile D. (2009). The Desktop Studio: A Guide to Computer- Based Audio Production, 2e édition. Hal Leonard.

MIDDLETON, Chris (2009). Guide pratique de Home Studio et M.A.O.: Les clefs de la création musicale numérique, traduit par Maxime Louineau.Dunod.

MOULTON, David (2000). Total Recording: The Complete Guide to Audio Production and Engineering. KIQ Productions.

NEWELL, Philip Richard (2008). Recording Studio Design, 2nd edition. Burlington, Focal Press/Elsevier.

PARKER, Barry (2009). Good Vibrations: The Physics of Music. Johns Hopkins University Press.

RÉVEILLAC, Jean-Michel (2005). Audionumérique: De l'acquisition à la diffusion avec Goldwave, Steinberg Wavelab et Sony SoundForge. Dunod.

ROADS, Curtis (2007). L'audionumérique: Musique et informatique, 2e édition, traduit par Jean de Reydellet. Dunod.

ROSSING, Thomas D. (2007). Springer Handbook of Acoustics. Springer.

ROSSING, Thomas D., MOORE, F. Richard, WHEELER, Paul A. (2002). The Science of Sound, 3e édition. Addison Wesley.

RUMSEY, Francis, McCORMICK, (2002). Son et enregistrement, 2e édition, traduit par Jean-Paul Bourre. Eyrolles.

SETHARES, William A. (2005). Tuning, timbre, spectrum, scale.

TERRY, David (2010). Teach Your Self Mixing. Alfred Music Publishing Co, Inc. California-USA.

TISCHMEYER, Friedemann (2008). Internal Mixing: How to Create a Professional Mix on Your Computer - A Systematic Approach. Tischmeyer Publishing.

TRAUBE, Caroline (2009). Introduction à l'acoustique musicale. Notes du cours MUS-1300, Université de Montréal.

VAL, Marcel (2008). Lexique d'acoustique: Architecture, environnement, musique. L'Harmattan.

VOYARD, Pierre (2009). Notions d'acoustique. http://voyard.free.fr